Anna Kistler / Stefanie Schneider

Rechnen ohne Stolperstein

Band 3A

Zahlenraum bis 100
ohne Zehnerübergang

Arbeitsheft / Fördermaterial

Cornelsen

Anna Kistler ist Sozialpädagogin, Diplom-Pädagogin und Sonderschullehrerin mit Montessori-Diplom.
Stefanie Schneider ist Sonderschullehrerin mit Montessori-Diplom, Schulpsychologin und Dyskalkulie-therapeutin.
Beide verfügen über langjährige Berufserfahrung und arbeiten in Diagnose- und Förderklassen sowie im Mobilen Sonderpädagogischen Dienst an Grundschulen.

Projektleitung: Amira Sarkiss
Redaktion: Sabine Müthing, Castrop-Rauxel
Umschlagillustration und Illustration: Kristina Klotz, München
Umschlaggestaltung: Corinna Babylon, Berlin
Technische Umsetzung: PrePress-Salumae.com, Kaisheim; LemmeDESIGN, Berlin

www.cornelsen.de

2. Auflage, 3. Druck 2023

Druck: H. Heenemann, Berlin

ISBN 978-3-589-15987-1

PEFC/04-31-1156

PEFC zertifiziert
Dieses Produkt stammt aus nachhaltig bewirtschafteten Wäldern und kontrollierten Quellen.

www.pefc.de

Inhaltsverzeichnis

Vorbemerkungen

Die Gesetzmäßigkeiten der Mathematik eignen sich hervorragend zum eigenen Entdecken. Die Darbietung des Unterrichtsstoffes in Schulbüchern bietet Kindern mit Schwierigkeiten beim Rechnen aber in der Regel zu wenig Struktur. Damit auch Kinder mit Problemen zum Nachdenken ermutigt werden, müssen Beispiele angeboten werden, die überschaubar sind, sich in Zahlenräumen bewegen, die für die Kinder erfassbar sind, und besondere Schwierigkeiten gesondert thematisieren. Kinder können so ihr Vorwissen aktivieren und auf höhere Zahlenräume übertragen.

Eltern und Lehrkräfte nehmen oft Probleme beim Erlernen des Rechnens nicht wahr, die für Kinder zum Stolperstein werden können. Im numerischen Bereich stolpern viele Kinder beim Übergang vom konkret-anschaulichen zum abstrakten Rechnen. Das Zählen mit den Fingern oder „Rechendrill" helfen da nicht weiter. Mit der Verwendung der Mengenbilder in Zweieranordnung, die sehr einprägsam ist, wird den Kindern eine „Brücke" zur Abstraktion geboten. Ihr abstraktes Denken wird durch anschauliche Mengenbilder unterstützt und geprägt, mit denen sie dann zu „wirklichen" mathematischen Operationen (nicht zum Dazuzählen mit den Fingern etc.) fähig sind. Zudem eignen sich diese Mengenbilder dazu, den erweiterten Zahlenraum in unserem Dezimalsystem auf anschauliche Weise aufzubauen.

Durch die **Zweieranordnung** der Mengen können besondere Schwierigkeiten wie z. B. die Zehnerübergänge anschaulich dargestellt werden. Die Ursprünge der Zweieranordnung gehen auf Kühnel in den Zwanzigerjahren zurück.[1] Die „Formzahlbilder" wurden von Prof. Dr. Schröter erprobt.[2]

Eine weitere Hilfe ist es, jede Menge mit einem einprägsamen **„Standard"** (Margarita Wittoch) zu verbinden, an den sich ein Thema anschließt (z. B. Thema „Spielen" bei der Menge 5 in Anlehnung an den Standard „Hand"). In den höheren Zahlenräumen werden Themen verwendet, die im Unterricht gezielt bei der Einführung eines neuen Lernschritts zum Entdecken durch Handeln anregen sollen.

Auch der **immer gleiche Aufbau der Mengen und Übungsformen** kommt Kindern mit Rechenproblemen entgegen. Er ermöglicht es ihnen, die Aufmerksamkeit innerhalb der einzelnen Lernschritte auf Inhalte zu richten. Sie können so im eigenen Tempo, relativ selbstständig, im Stoff voranschreiten.

In dem vorliegenden Band werden diese Hilfen konsequent eingesetzt.

---

1 Vgl. KÜHNEL, J. (1922): Neubau des Rechenunterrichts, Leipzig (Klinkhardt)
2 Vgl. SCHRÖTER, G. (1989): Mathematik in der Grundschule – Die Methode der Formzahlbilder, Regensburg (Wolf)

Ausgewählte weiterführende Literatur

ABELE, A.; KALMBACH, H. u. a. (1993): Handbuch der Grundschulmathematik. 1. und 2. Schuljahr. Stuttgart
ASTER, M. v.; LORENZ, J. H. (Hrsg.) (2005): Rechenstörungen bei Kindern. Göttingen (Vandenhoek & Ruprecht)
DIMIDI – Deutsches Institut für medizinische Dokumentation und Information (Hrsg.) (1994)
FRITZ, A.; RICKEN, G.; SCHMIDT, S. (Hrsg.) (2003): Rechenschwäche. Weinheim, Basel, Berlin (Betz)
GANSER, B. (Hrsg.) (1995): Rechenstörungen (1. Aufl.). Donauwörth (Auer)
GANSER, B. (Hrsg.) (2004): Rechenstörungen (5. überarb. Aufl.). Donauwörth (Auer)
GERSTER, H.-D. (1982): Schülerfehler bei schriftlichen Rechenverfahren. Freiburg (Herder)
GRISSEMANN, H.; WEBER, A. (1990): Grundlagen der Praxis der Dyskalkulietherapie. Stuttgart (Huber)
ICD-10, Internationale statistische Klassifikation der Krankheiten und verwandter Gesundheitsprobleme. Bd. 1. Stand August 1994. Bern (Huber), S. 387.
KÜHNEL, J. (1922): Neubau des Rechenunterrichts. Leipzig (Klinkhardt)
LORENZ, J. H.; RADATZ, H. (1993): Handbuch des Förderns im Mathematikunterricht. Hannover (Schroedel)
SCHRÖTER, G. (1989): Mathematik in der Grundschule – Die Methode der Formzahlbilder, Regensburg (Wolf)

Hinweise zur Arbeit mit Band 3A und 3B

Auch in diesem Zahlenraum ist es wichtig und möglich, konkret zu handeln. Die übergeordneten Themen ermöglichen es, mit etwas mehr Aufwand vielfältige Spielsituationen zu schaffen, in denen die Kinder mathematische Strukturen wie zum Beispiel das Stellenwertsystem erkennen können. Das Rechnen bis Hundert ist von zentraler Bedeutung, da auch alle folgenden Zahlenräume (Tausend, Million, Milliarde ...) sich in Hunderter, Zehner und Einer untergliedern.

Die einzelnen Kapitel in diesem Band unterteilen sich dabei nach der jeweiligen Veränderung bei Einern und Zehnern (z. B. „Die Einer ändern sich", „Zehner und Einer ändern sich"). Durch die Vorwegnahme der „Sonderfälle" („Einer ändern den Zehner") wird der Zehnerübergang erleichtert im Sinne der Isolierung der Schwierigkeit. „Rechnen ohne Stolperstein" ist für Kinder konzipiert, denen das Rechnen schwerfällt. Deshalb ist es wichtig, so vorwärts zu gehen, dass sich die Kinder in überschaubaren Schritten mit neuen Inhalten beschäftigen und diese mit bereits bekannten Strukturen verbinden können.

Die Zehnerbündelung wird wie in Band 2B durch „Schachteln" symbolisiert. Die Mengendarstellung in Zweieranordnung aus den ersten beiden Bänden wird auf die Zehnerzahlen übertragen. Die „Gestalt" der (Zehner-) Menge bleibt erhalten, kann übertragen und auf einen Blick erkannt werden. Eine weitere Hilfe bei der in der deutschen Sprache widersprüchlichen Benennung und Notierung der Zahlen (Zehner/Einer-Inversion) stellt die Farbgebung der Rechenplättchen dar (Einer blau, Zehner rot, Hunderter grün). Diese zeichnerische Darstellung ermöglicht eine relativ große Anschaulichkeit auf der symbolischen Ebene. Auf diese wird bei jedem neuen Lernschritt zurückgegriffen.

Eine weitere Strukturierungshilfe ist die Anwendung der bereits bei den vorausgegangenen Zahlenräumen verwendeten Verbalisierung in Verbindung mit Platzhaltern für die zu notierende Gleichung.

64	+ 5	= 69
Wie viele sind am Anfang da?	Was passiert? **Wo passiert es?**	Wie viele sind es am Schluss?

Im komplexeren Zahlenraum bis Hundert ist es wichtig, nicht nur zu fragen „Was passiert?", sondern auch „Wo passiert es?". Damit wird das Augenmerk auf Zehner und Einer gerichtet, Analogien zum Bereich bis 10 bzw. 20 werden deutlich. So erhalten die Kinder die Möglichkeit, komplexe Inhalte selbst zu gliedern und für sich zu entzerren.

Sehr deutlich wird das Stellenwertsystem durch das Notieren der Aufgaben untereinander. Besonders Kinder mit Rechenschwierigkeiten, denen es bereits in diesem Zahlenbereich schwerfällt, ohne Anschauungsmaterial zu arbeiten, können so leichter abstrakt rechnen. Deshalb haben wir diese Art der Notation bereits in den Band 3A aufgenommen.

Auch in diesem Band sind anspruchsvollere Aufgaben enthalten, die die Kinder dazu anregen sollen, selbstständig Lösungswege zu finden oder „günstig" zu rechnen. Als Abrufhilfe für die Kinder haben wir die bekannten Symbole aus den vorherigen Bänden beibehalten.

Rechnen mit den „Drei Freundinnen“[3] (Teile-Ganzes-Rechnen)

Teile-Ganzes-Rechnen erleichtert den Kindern das Lösen von Gleichungen. Um das Ganze für die Kinder anschaulich zu gestalten, verwenden wir das Bild von drei Freundinnen bzw. von drei Freunden, die zusammengehören.

Beispiel: Freundinnen-Aufgaben mit den Zahlen **8** / 5 / 3
Analoge Aufgabenbildung im Zahlenraum 100

Mit diesen drei Zahlen können Gleichungen erstellt werden:

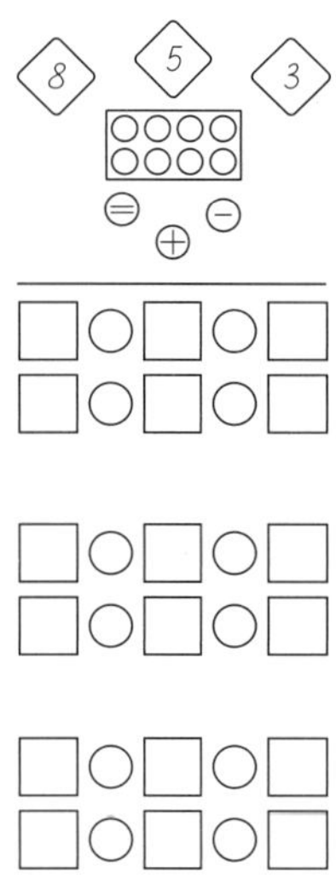

3 + 5 = **8**
5 + 3 = **8**

8 – 3 = 5
8 – 5 = 3

8 = 3 + 5
8 = 5 + 3

Es gibt in jeder Gleichung eine große Freundin (hier die **8**) und zwei kleine Freundinnen (hier 3 und 5).

Hierbei wird deutlich, dass
- bei **Plusaufgaben** die große Freundin immer hinten steht,
- bei **Minusaufgaben** die große Freundin immer vorn steht,
- beim **Zerlegen** die große Freundin immer vorn steht.

Die Kontrolle erfolgt über das Legen mit Plättchen.

Bei der Lösung müssen die Kinder folgende Fragen klären:
1. Was passiert (plus, minus oder zerlegen)?
2. Wo ist die große Freundin?
3. Welche Freundin fehlt?

Das **Ergänzen** als schwierige Platzhalteraufgabe (im Beispiel: 3 + □ = 8) wird eine Plusrechnung (die kleine Freundin 5 fehlt).

---

[3] In den Arbeitsblättern werden beide Geschlechterformen im Wechsel eingesetzt. In den Erläuterungen zu diesem Aufgabentyp wird zugunsten einer besseren Lesbarkeit nur die weibliche Form benutzt.

Hinweise zum Umgang mit den Rechenplättchen

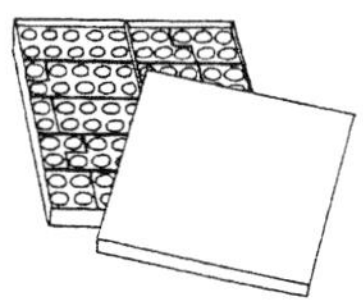

Zu „Rechnen ohne Stolperstein“ gibt es strukturiertes Rechenmaterial („Rechenplättchen“, ISBN: 978-3-87101-496-3), das die Kinder beim Lernen unterstützt. Es folgen nun einige Hinweise zum Einsatz dieser Rechenplättchen:

Dem Einsatz der Rechenplättchen müssen konkrete Handlungen aus dem Erfahrungsbereich der Kinder vorausgehen. Besonders bei jedem neuen Rechenschritt sollte konkret gehandelt werden. Anregungen hierzu finden sich in den Einführungen der Rechenhefte, z. B. das Thema „Die sieben Zwerge“ bei der Zahl 7.

Auch und besonders im komplexeren Zahlenraum bis 100 ist Handlung zur Veranschaulichung und Verankerung wichtig. Das Legen mit den Plättchen erfolgt analog zur Arbeitsweise im Zahlenraum bis 10 bzw. 20.

Die Zehnerzahlen werden unter Beibehaltung der Zweieranordnung ausgelegt. Aufgrund gestaltpsychologischer Gesetze kann auch diese Menge durch ihre Anordnung sofort und ohne Zählen erkannt werden, wie die Mengen bis 10.

Addition:
Eine neue Menge entsteht durch das Zusammenschieben zweier Plättchen und im Falle der Addition von Zehnern durch das Hinzulegen der Zehner des zweiten Summanden. Sowohl Zehner als auch Einer werden so gelegt, dass bei der Summe die Gestalt der Zweieranordnung erhalten bleibt. Der Zehnerübergang erfolgt analog zum Zahlenraum bis 20.

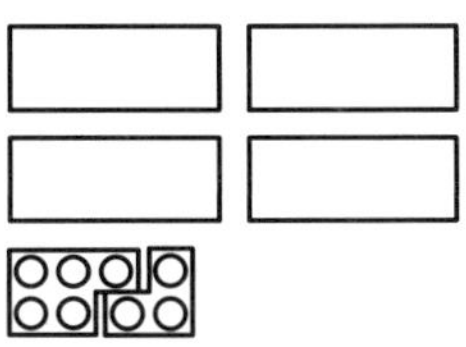

45 + 3

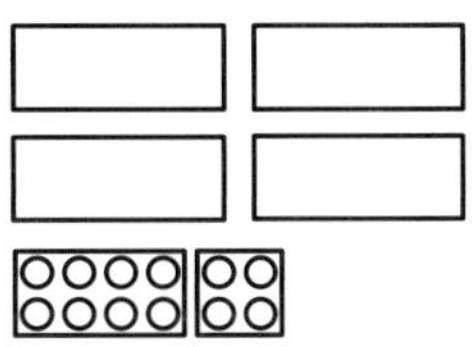

48 + 4

Subtraktion:
Die Ausgangsmenge wird mit Plättchen gelegt. Die Einermenge, die abgezogen werden soll, wird mit der jeweiligen Minusfolie oder dem entsprechenden Plättchen abgedeckt. Ganze Zehner werden weggenommen, dabei soll die Gestalt der Zweieranordnung erhalten bleiben. Der Zehnerübergang erfolgt analog zum Zahlenraum bis 20.

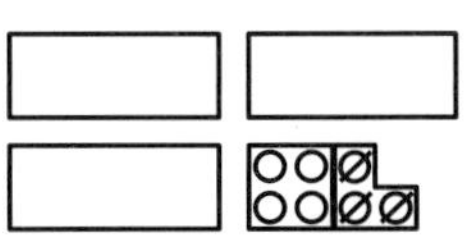

37 – 3

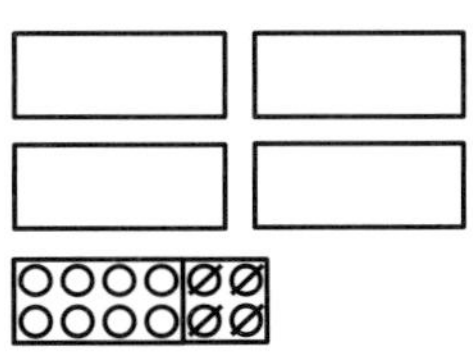

52 – 4

Platzhalteraufgaben:
Zur Lösung von Platzhalteraufgaben in diesem Zahlenraum empfehlen wir das Gleichheitszeichen (=) in den Fokus zu stellen. Rechts und links des Gleichheitszeichens (=) muss gleich viel sein. In diesem Zusammenhang verweisen wir auf die Aufgaben mit den „Drei Freundinnen“.

Weitere Informationen und Materialien, insbesondere zahlreiche Rechenspiele, finden Sie auf der Webseite: *www.rechnen-ohne-stolperstein.de*

Auf dem Jahrmarkt

100

Zahlen bis 100

Zehner-Schachteln	Einzelne

Wie viele Zehner-Schachteln, wie viele Einzelne?

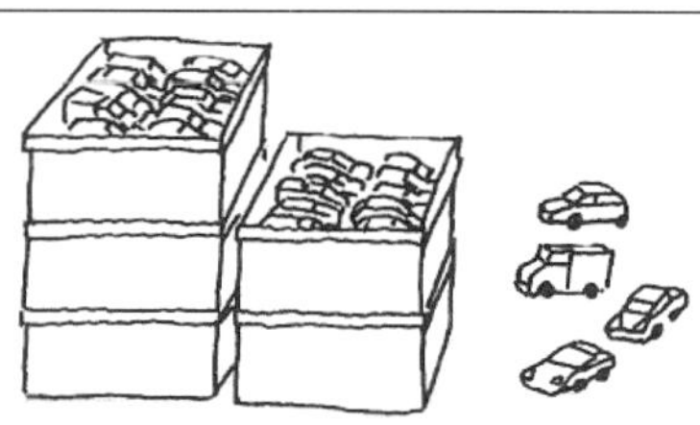

Z	E

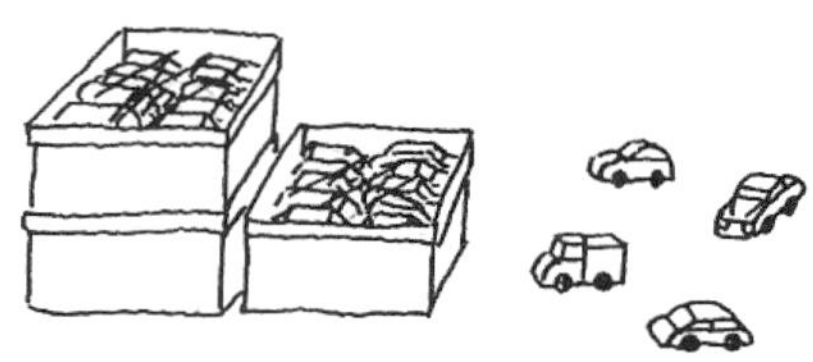

Z	E

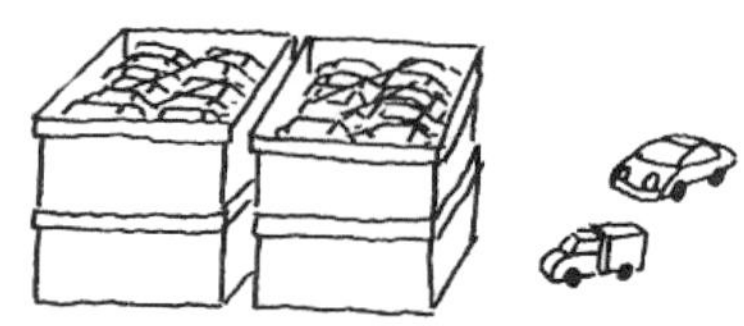

Z	E

Kreise immer 10 Autos rot ein! Schreibe auf.

Z	E

Z	E

Z	E

Kistler/Schneider: Rechnen ohne Stolperstein, Band 3A. Illustrationen: Kristina Klotz

Verpacke selbst! Kreise immer 10 Dinge rot ein und schreibe auf.

100

Zahlen bis 100

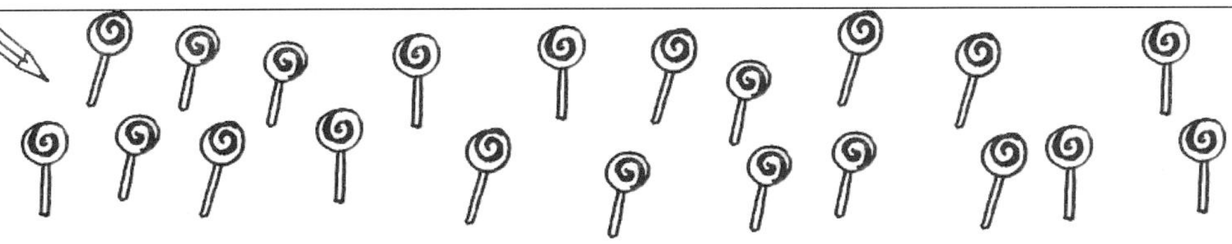

Z E

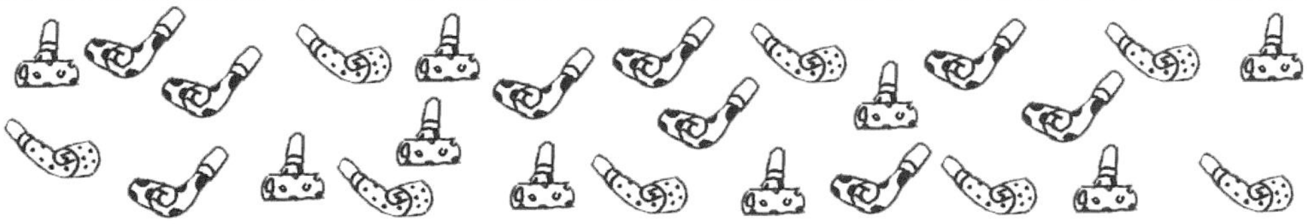

Z E

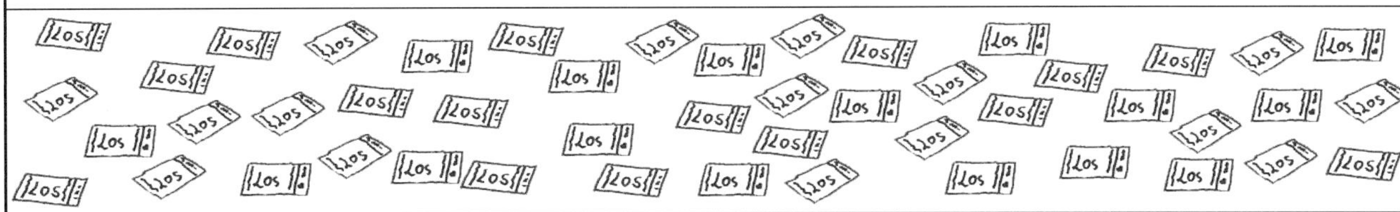

Z E

Z E

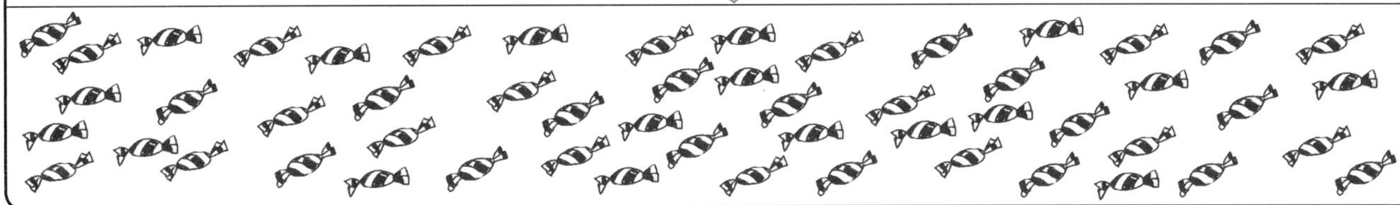

Z E

Wie viel ist von jedem da? Verpacke!

Z E

Z E

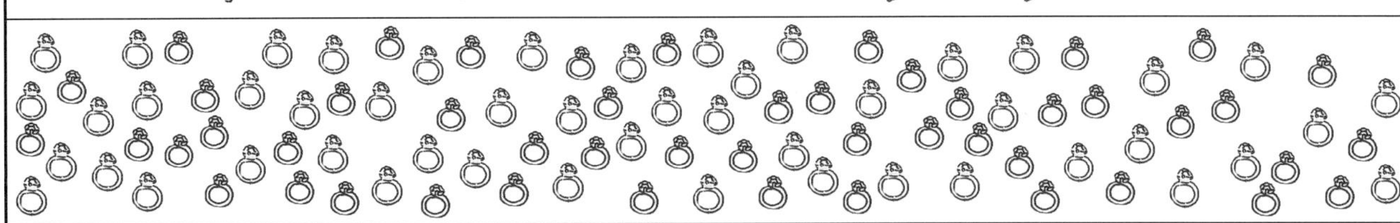

Z E

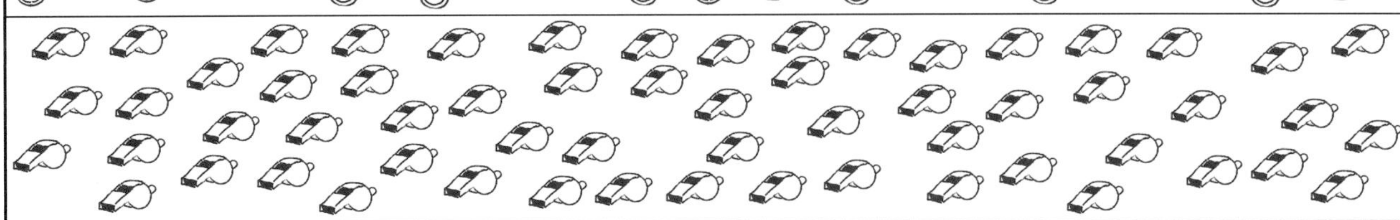

Z E

Z E

Schreibe die richtige Zahl zur Menge!

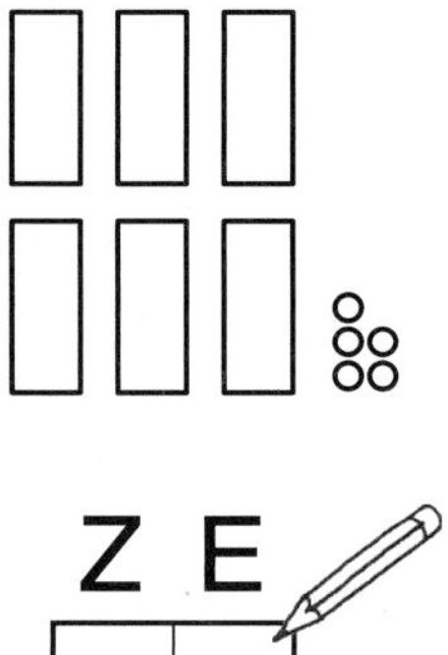

Z E

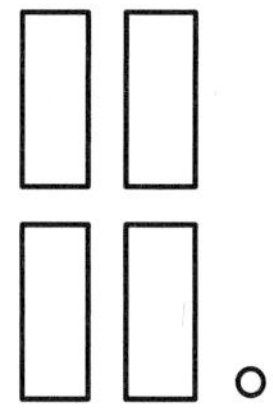

Z E

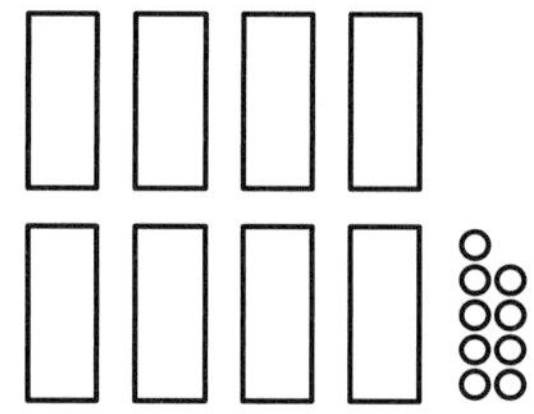

Z E

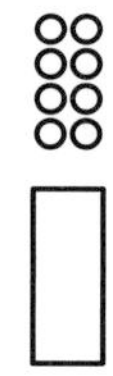

Z E

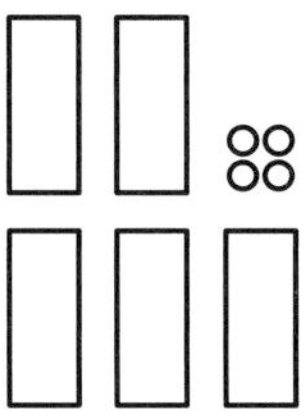

Z E

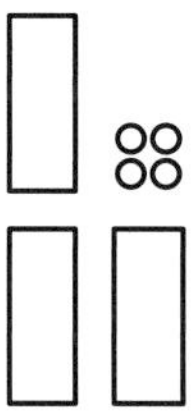

Z E

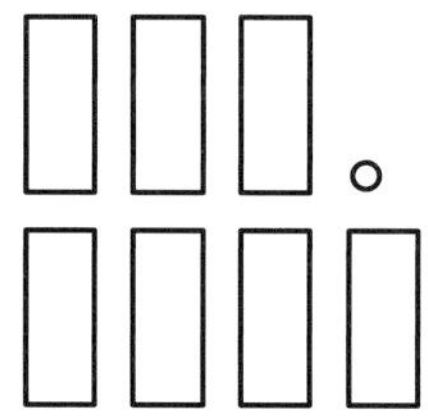

Z E

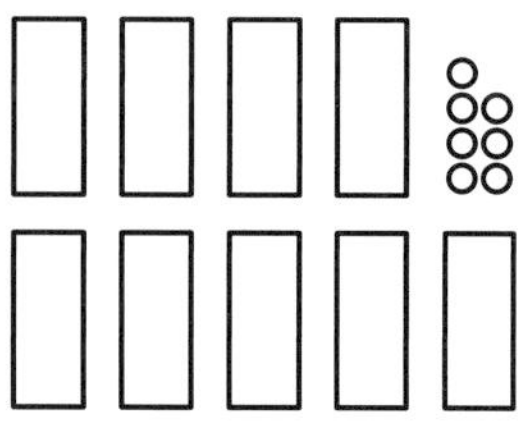

Z E

Male die Mengen in Rot und Blau!

Spure die Zahlen in den richtigen Farben nach!

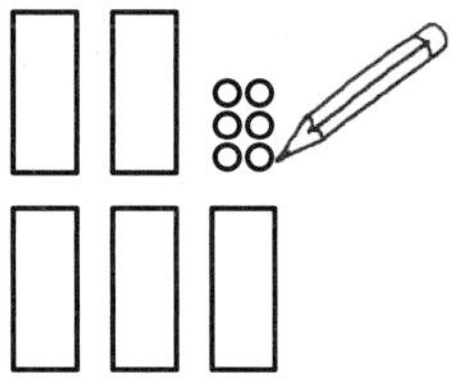

56

23

47

38

64

46

72

34

43

Kistler/Schneider: Rechnen ohne Stolperstein, Band 3A. Illustrationen: Kristina Klotz

100

Zahlen bis 100

Wie heißen die Zahlen? Schreibe rot und blau!

Male und schreibe!

sechs-und-siebzig	fünf-und-dreißig	acht-und-vierzig
drei-und-fünfzig	zwei-und-sechzig	ein-und-zwanzig
vier-und-neunzig	sechs-und-sechzig	neun-und-vierzig

Male in den richtigen Farben aus!

100

Orientierung

gelb: *21, 33, 29, 31* hellblau: *22, 32, 24, 34* lila: *30, 40*

braun: *64, 74, 84* orange: *61, 72, 83, 65, 76, 87* grün: *68, 78, 88* gelb: *69, 80, 89*

Findest du die Zahlen?

blau:

80, 70, 60, 50, 40, 30, 28, 38, 48, 58, 68, 78, 89, 19

grün:

21, 12, 32, 42, 52, 62, 72, 82, 22

orange:

15, 24, 34, 44, 54, 64, 74

rot:

85, 76, 66, 56, 46, 36, 26

Kistler/Schneider: Rechnen ohne Stolperstein, Band 3A. Illustrationen: Kristina Klotz

Kennst du diese Zahlen? Trage ein.

100

Orientierung

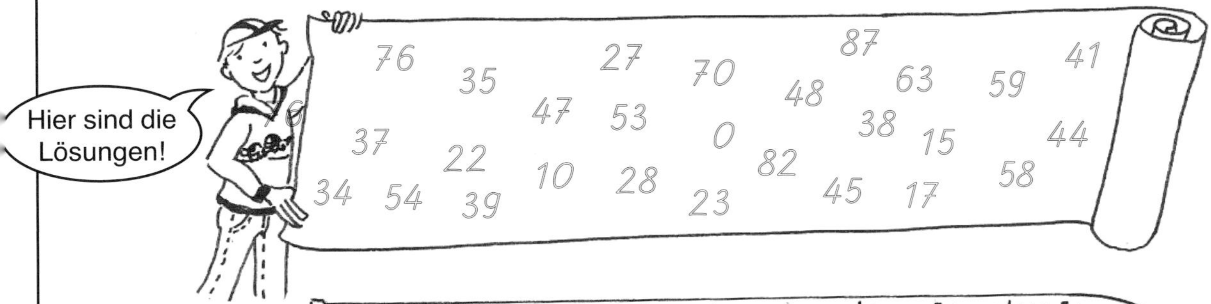

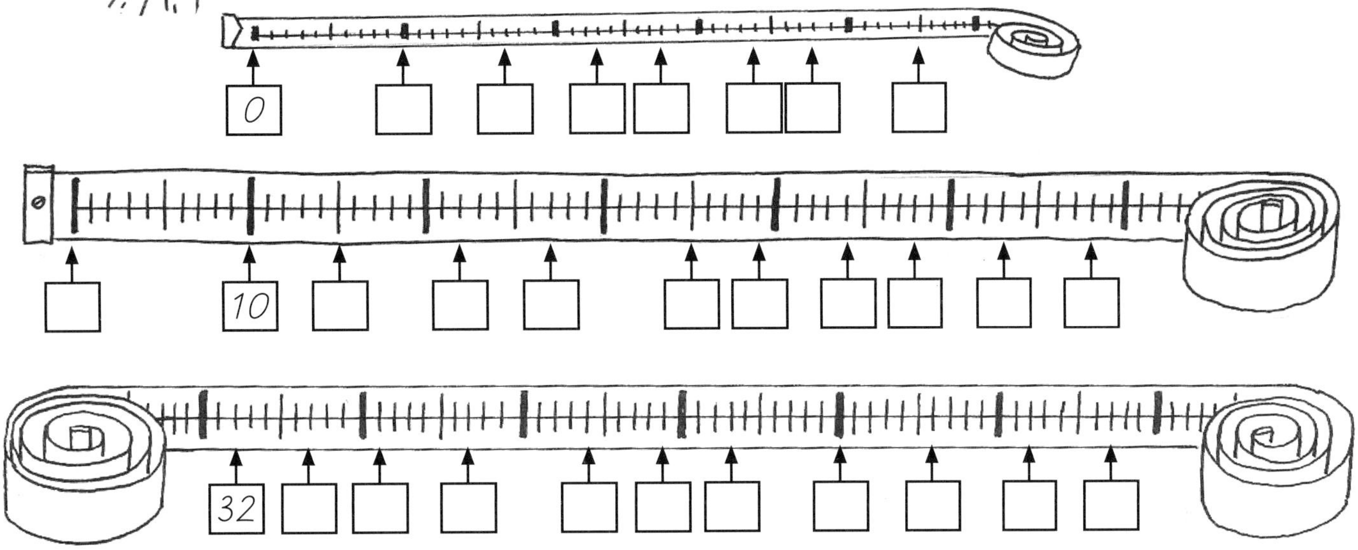

Verbinde die Zahlen bis 100!

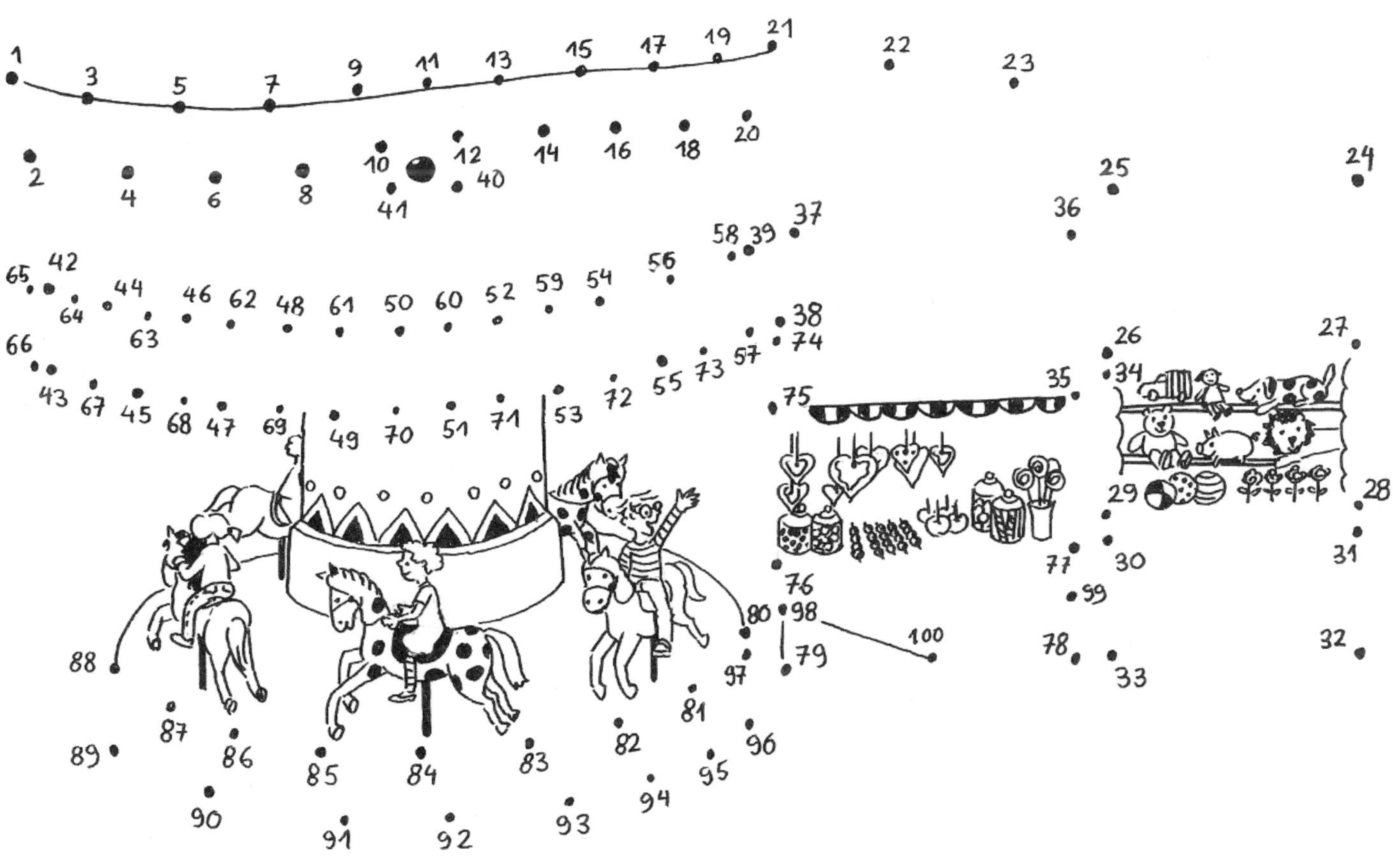

Vorgänger und Nachfolger: Schreibe rot und blau!

100

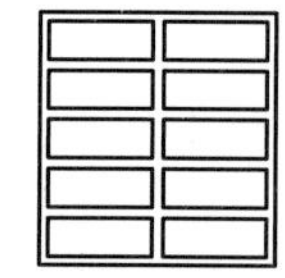

Orientierung

21	22	
	57	
	36	
	18	
	74	
	91	
	45	
	56	

Nachbarn: Schreibe rot und blau!

	88	
	53	
	61	
	76	
	98	

	37			78			95		46				62	
		85		48			27			63			84	
96				74			32			21		50		
	83			7			68			86			92	
	54			35			75			66			24	

Kistler/Schneider: Rechnen ohne Stolperstein, Band 3A. Illustrationen: Kristina Klotz

Was kommt danach?

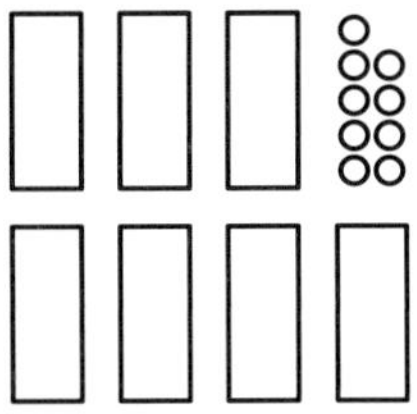

79	

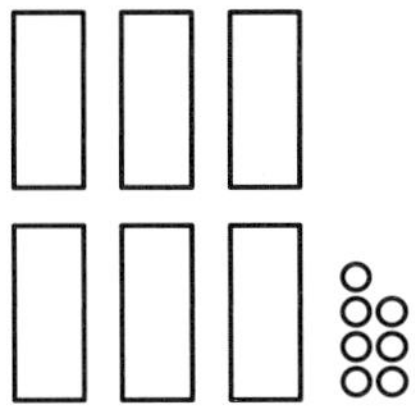

69	

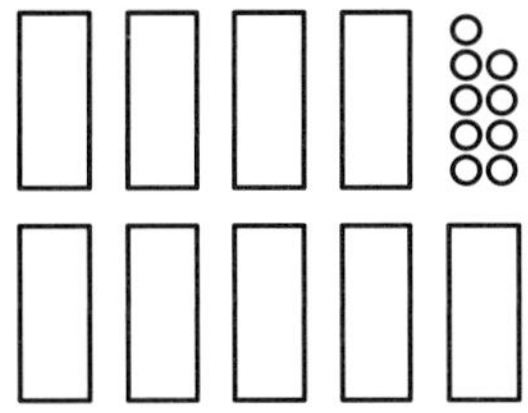

99	

100

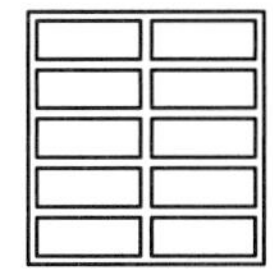

Orientierung

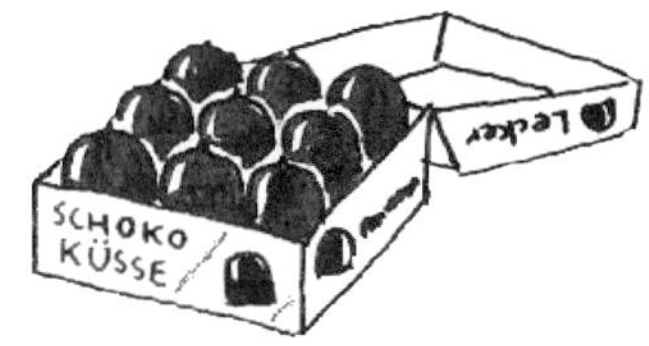

79		49		39		69		89		29		69		29	
19		39		59		99		28		49		79		41	
99		29		48		49		38		59		69		89	

Was kommt davor?

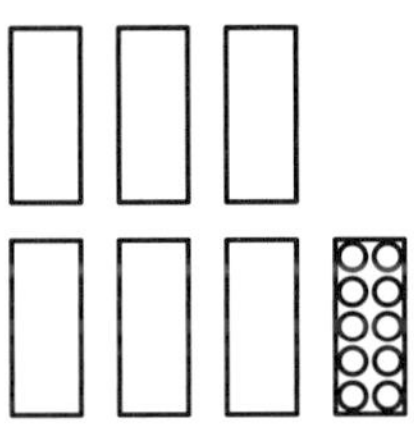

	70

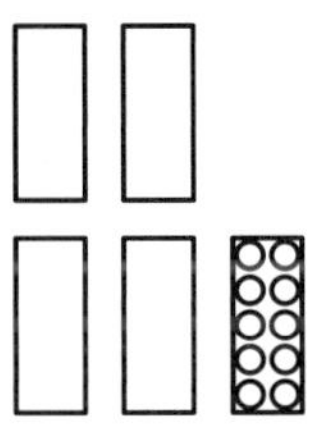

	50

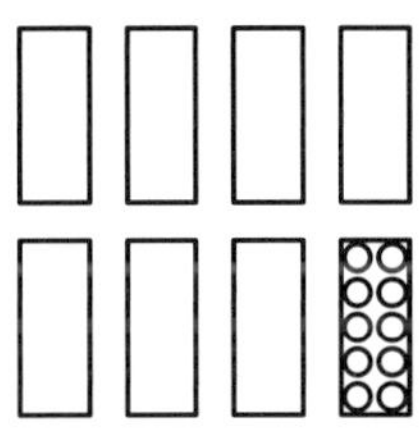

	80

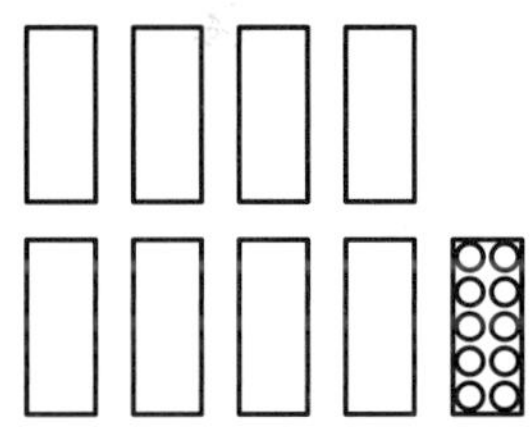

	90

	60		30		20		40		10		70		100		50
	80		90		45		68		60		30		40		20
	100		70		10		80		70		20		50		90

Welche Zahlen fehlen? Male im Bild an.

100

Orientierung

	70			20			50	
68					90		40	
28			37					81
	10			30				31
78					63		60	
	80				41	48		
		52	61				90	

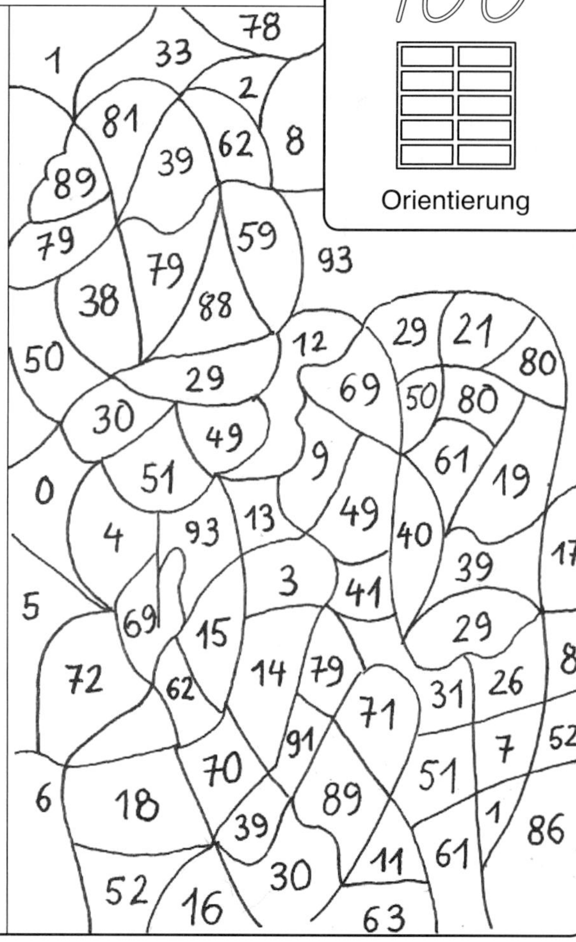

Ergänze die fehlenden Zahlen!

	20			40			90			30			70	
38			92			58			98			88		
		70			61			85			51			71
	79		18					11				29		
	80			39		19					51		19	
		21			71	59			89				20	
	99				11		49			9		49		

Kistler/Schneider: Rechnen ohne Stolperstein, Band 3A, Illustrationen: Kristina Klotz

Wir vergleichen:

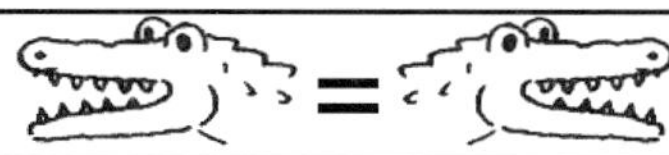

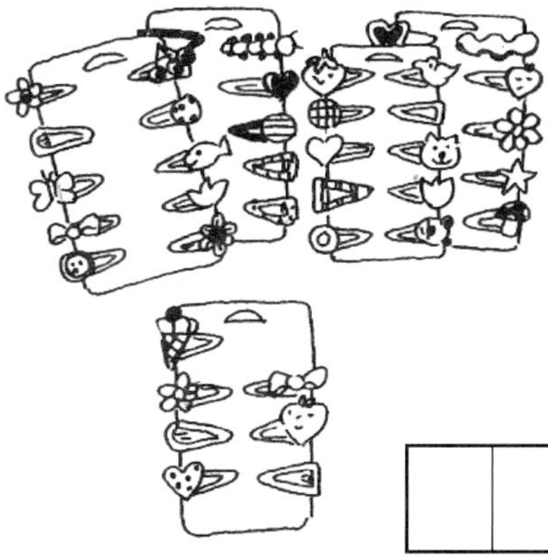

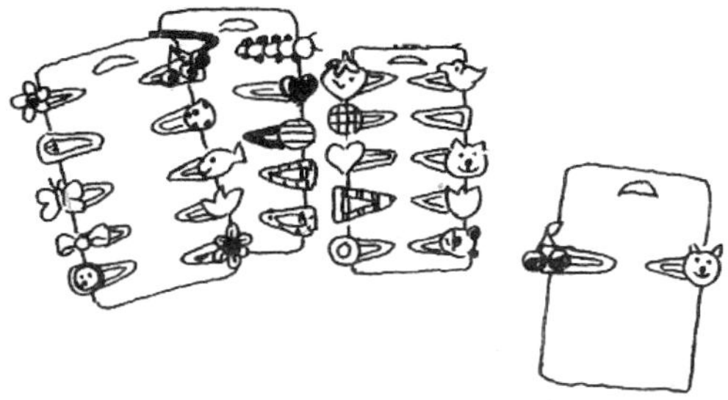

100

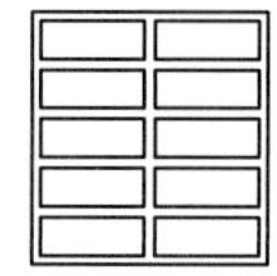

> = <

☐☐ ◯ ☐☐

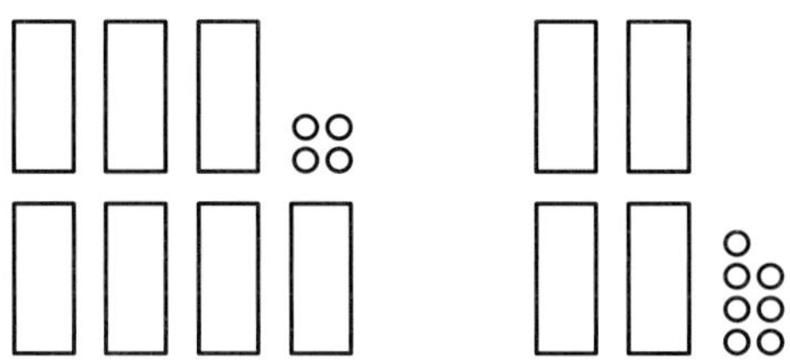

☐☐ ◯ ☐☐

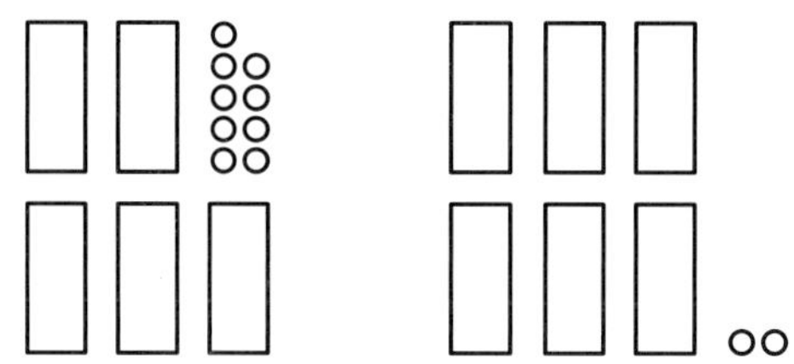

☐☐ ◯ ☐☐

Größer oder kleiner? Spure Zehner und Einer nach!

23	<	24	69	◯	63	17	◯	19	45	◯	46
43	◯	49	61	◯	65	30	◯	39	82	◯	81
75	◯	72	70	◯	75	48	◯	40	94	◯	93
84	◯	81	34	◯	43	76	◯	72	27	◯	26
92	◯	90	29	◯	28	94	◯	90	57	◯	56

49	◯	76	90	◯	49	63	◯	36	57	◯	48
58	◯	41	73	◯	37	79	◯	91	91	◯	82
90	◯	84	54	◯	18	84	◯	42	21	◯	31
52	◯	25	80	◯	70	61	◯	72	48	◯	51
73	◯	50	100	◯	99	92	◯	70	33	◯	34

100

> = <

Male selbst und vergleiche!

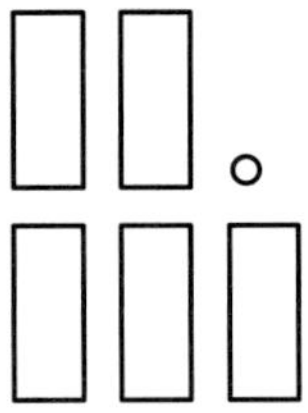

51 ○ 56

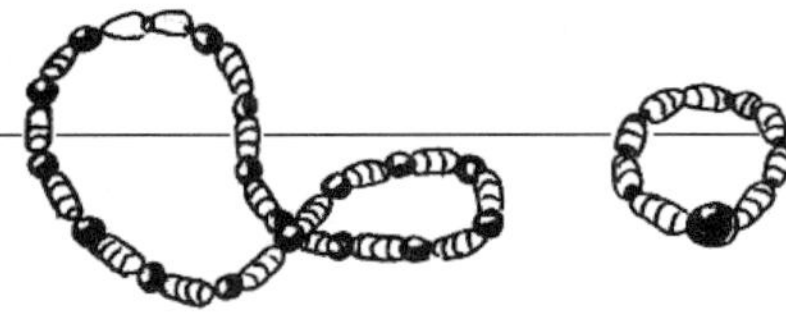

36 ○ 46

Ordne nach der Größe.

15 31 72 95 51 70 52 45 25

Ordne nach der Größe. Beginne mit der **kleinsten** Zahl!

16 55 37 72 45 73 27 54 61

Ordne nach der Größe. Beginne mit der **größten** Zahl!

30 69 63 98 31 96 89 13 46

Kistler/Schneider: Rechnen ohne Stolperstein, Band 3A. Illustrationen: Kristina Klotz

Spielwaren: Bei den Einern passiert etwas!

100

Z ⊕ E

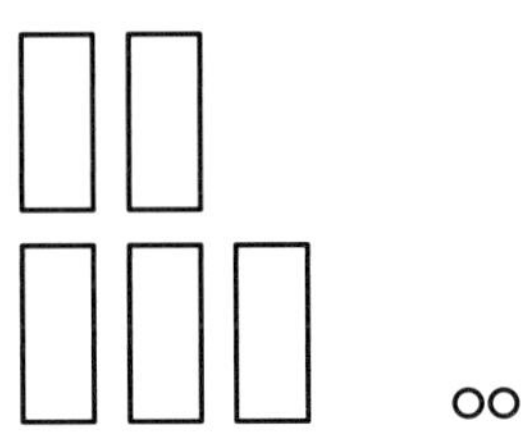	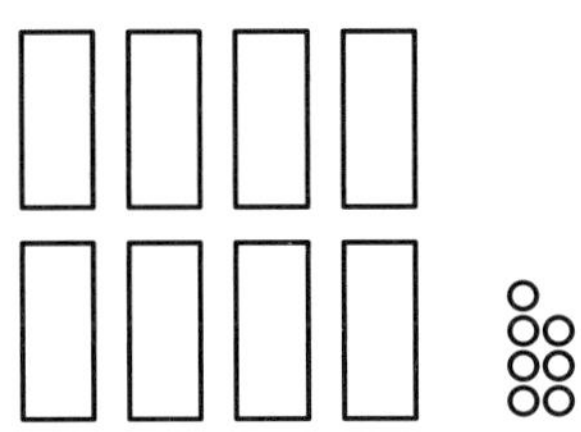	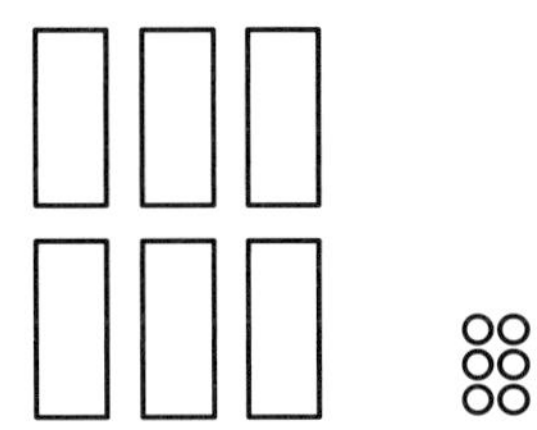	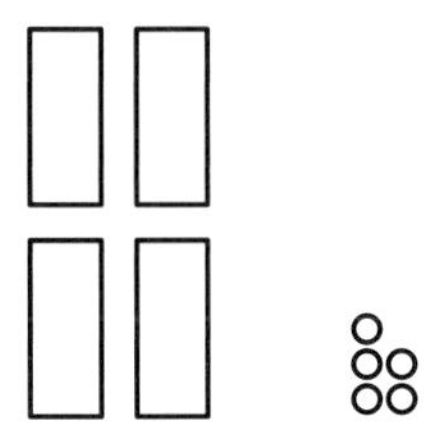
50+ 2= ☐☐	80+ 7= ☐☐	60+ 6= ☐☐	40+ 5= ☐☐

Male die Rechnung!

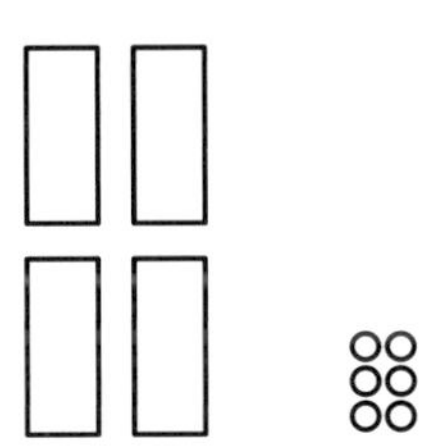		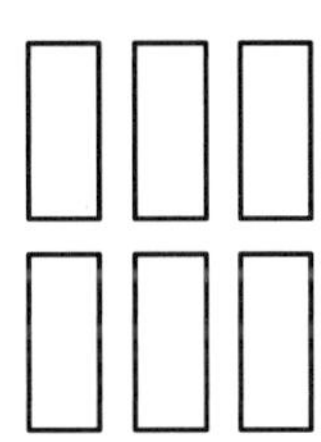	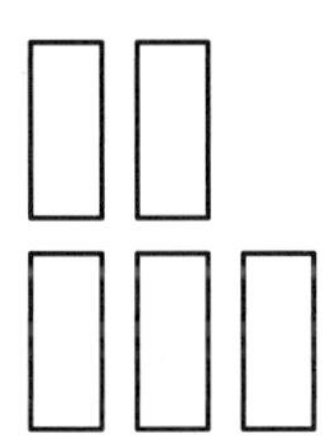
40+ 6= ☐☐	80+ 7= ☐☐	60+ 0= ☐☐	50+ 2= ☐☐
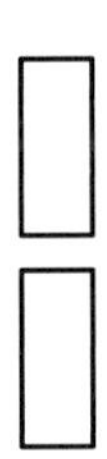	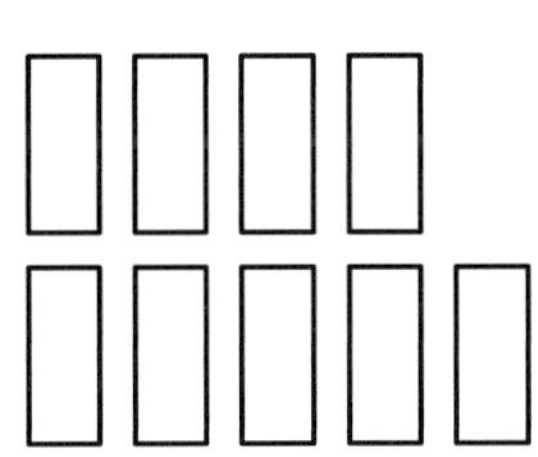	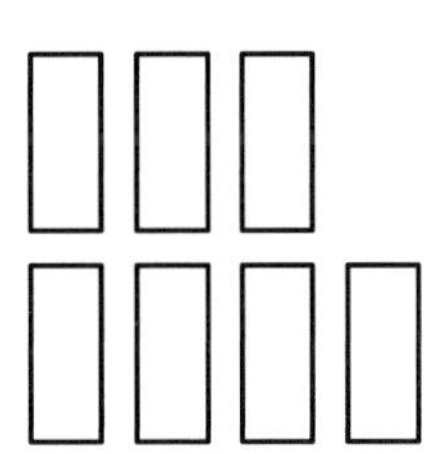	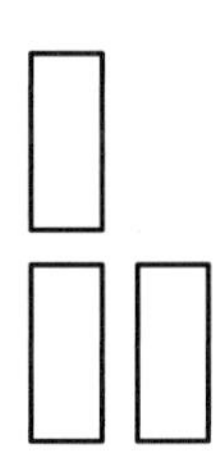
20+ 9= ☐☐	90+ 8= ☐☐	70+ 4= ☐☐	30+ 5= ☐☐

Wie heißt die Rechnung?

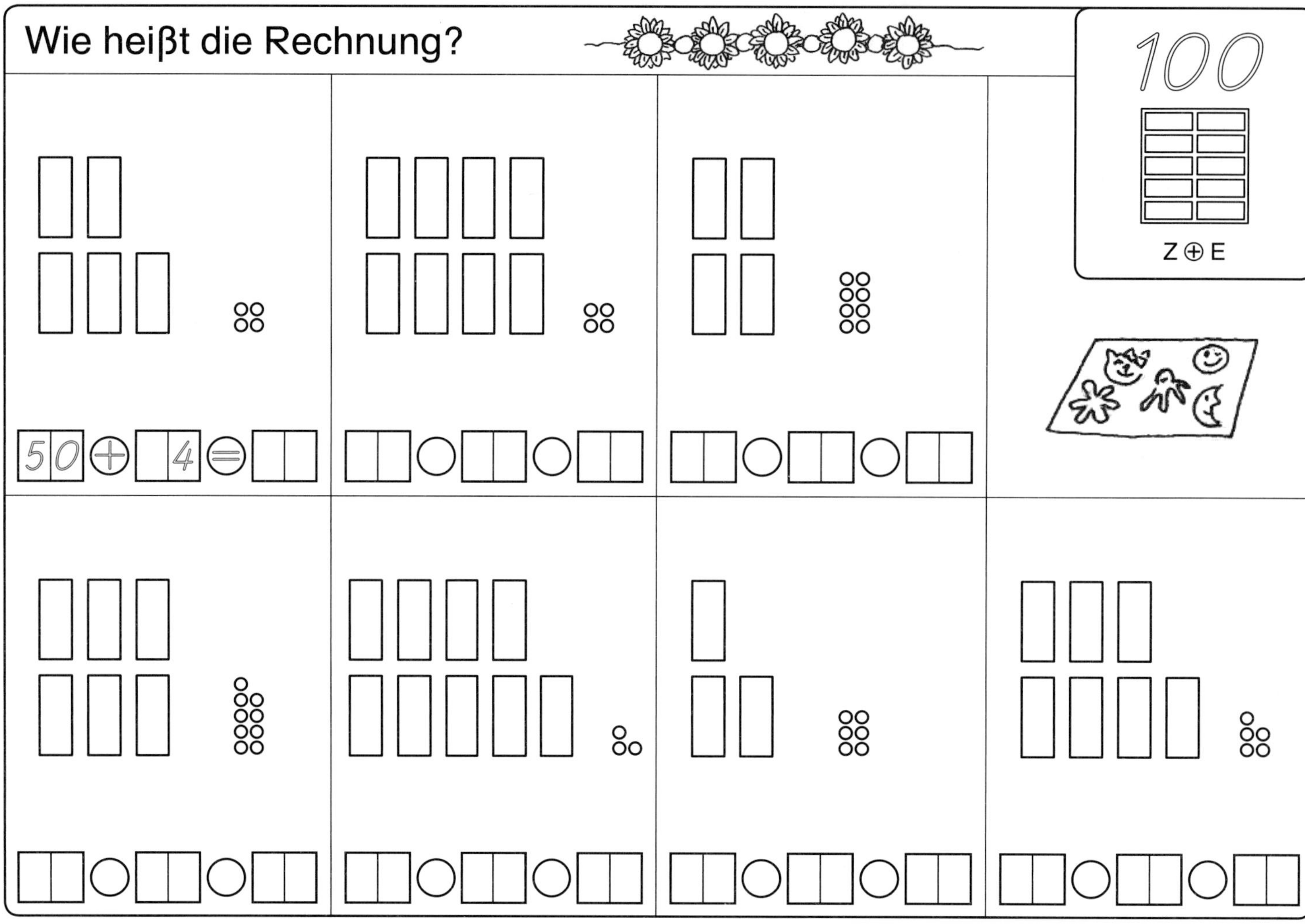

Für fleißige Mädchen und Jungen!

+ 5		+ 8		+ 4		+ 2	
70	75	80		60		20	
50		40		70		40	
90		10		80		90	
20		30		30		30	
60		70		50		80	

Kistler/Schneider: Rechnen ohne Stolperstein, Band 3A. Illustrationen: Kristina Klotz

⊕ Plusaufgaben

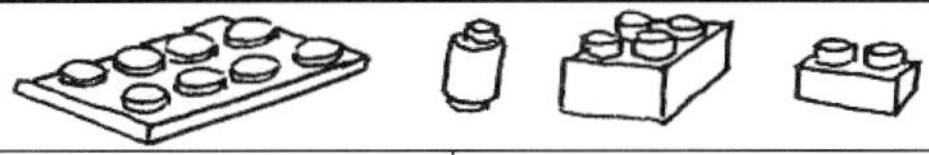

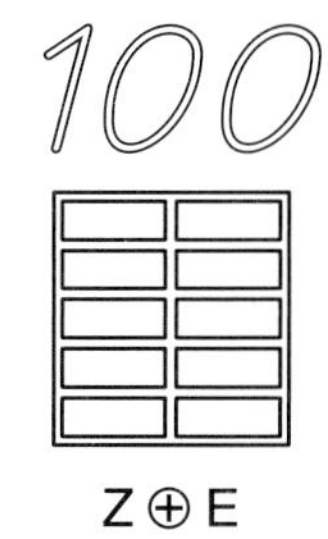

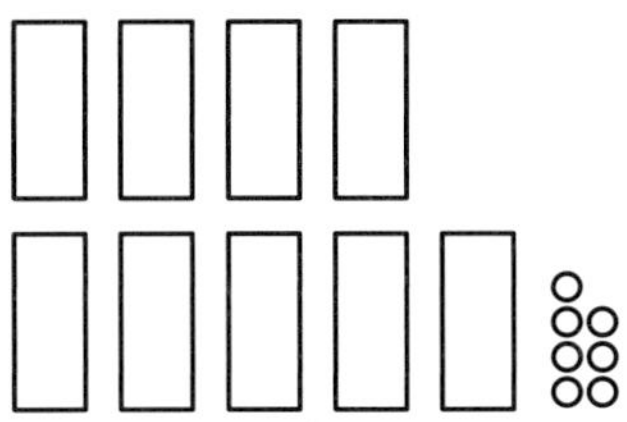	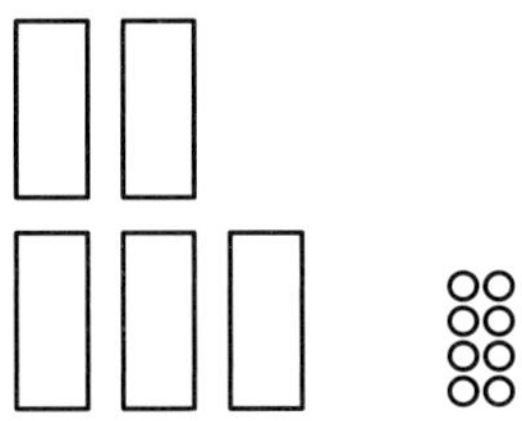	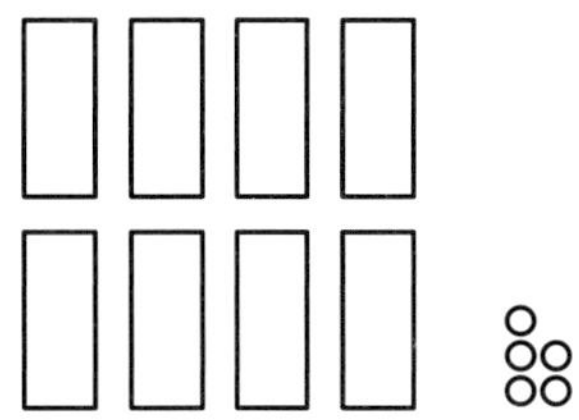	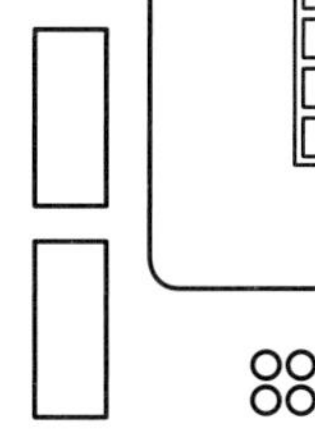
90 + 7 = ☐☐	50 + 8 = ☐☐	80 + 5 = ☐☐	20 + 4 = ☐☐
20 + 5 = ☐☐	80 + 6 = ☐☐	70 + 0 = ☐☐	7 + 7 = ☐☐
40 + 4 = ☐☐	20 + 3 = ☐☐	6 + 8 = ☐☐	60 + 4 = ☐☐
70 + 3 = ☐☐	30 + 1 = ☐☐	50 + 9 = ☐☐	70 + 7 = ☐☐
14 + 5 = ☐☐	7 + 8 = ☐☐	90 + 2 = ☐☐	80 + 3 = ☐☐
10 + 9 = ☐☐	90 + 4 = ☐☐	80 + 8 = ☐☐	60 + 7 = ☐☐

Finde eine passende Rechnung!

☐☐ + ☐ = 35	☐☐ + ☐ = 93	☐☐ + ☐ = 84	
☐☐ + ☐ = 76	☐☐ + ☐ = 68	☐☐ + ☐ = 77	
☐☐ + ☐ = 89	☐☐ + ☐ = 41	☐☐ + ☐ = 13	☐☐ + ☐ = 64
☐☐ + ☐ = 21	☐☐ + ☐ = 52	☐☐ + ☐ = 11	☐☐ + ☐ = 75
☐☐ + ☐ = 14	☐☐ + ☐ = 63	☐☐ + ☐ = 97	☐☐ + ☐ = 32

Für Spürnasen: Rechne zuerst, finde dann eine passende Aufgabe!

30 + 1 = ☐☐	70 + 9 = ☐☐		20 + 1 = ☐☐
30 + 2 = ☐☐	70 + 8 = ☐☐		30 + 2 = ☐☐
30 + 3 = ☐☐	70 + 7 = ☐☐		40 + 3 = ☐☐
☐☐ + ☐ = ☐☐	☐☐ + ☐ = ☐☐		☐☐ + ☐ = ☐☐

Zerlege in Zehner und Einer!

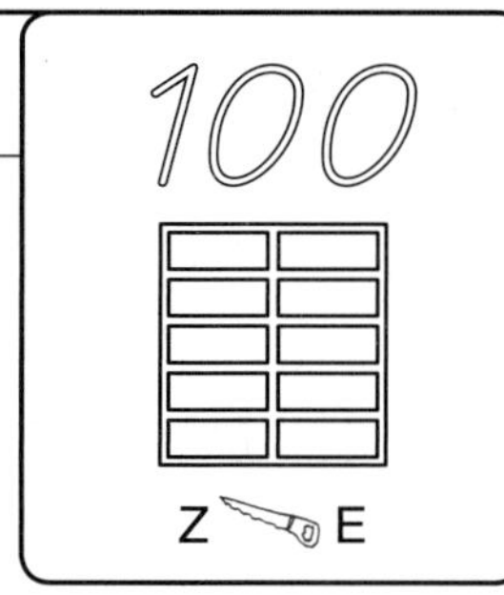

$27 = 20 + \square\square$

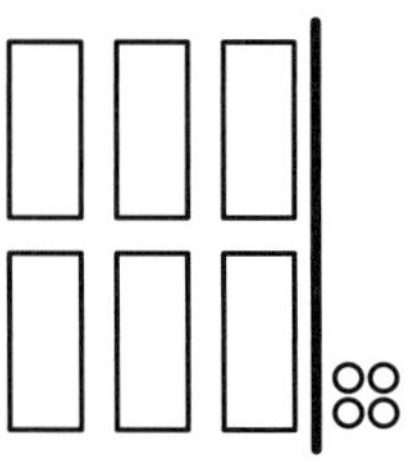	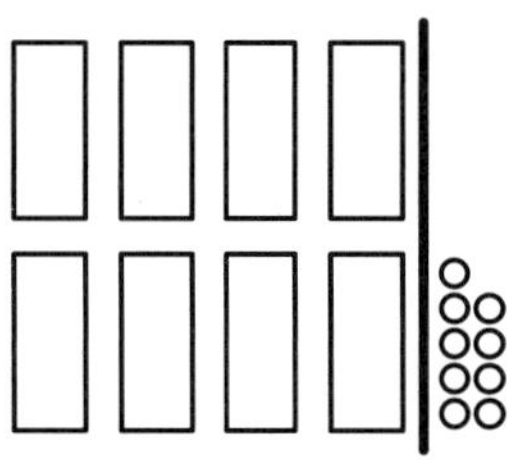	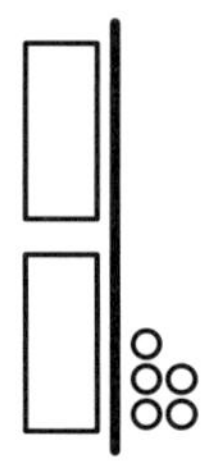	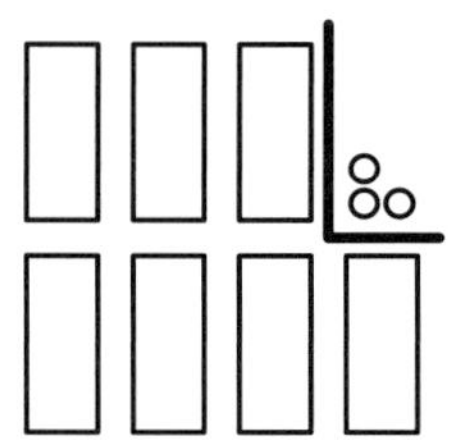
$64 = 60 + \square\square$	$89 = 80 + \square\square$	$25 = 20 + \square\square$	$73 = 70 + \square\square$

Achtung: Gemischte Aufgaben! Male und schreibe in Rot und Blau.

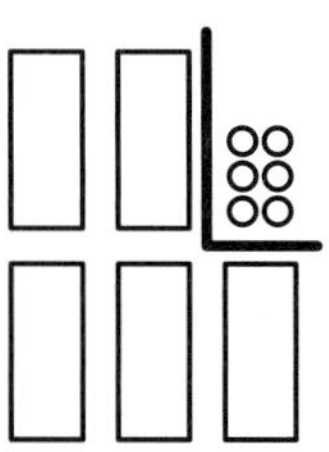	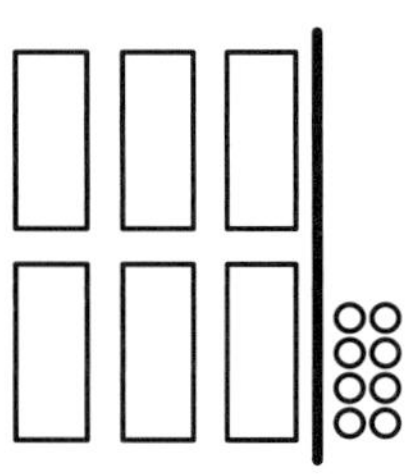	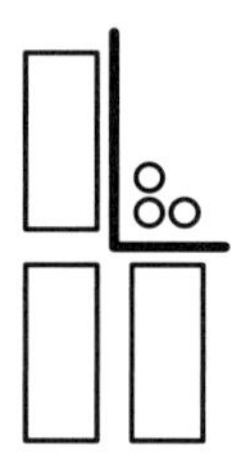	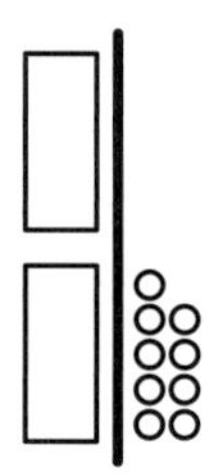
56 ⊖ 50 ⊕ ☐☐	☐☐ ○ ☐☐ ○ ☐☐	☐☐ ○ ☐☐ ○ ☐☐	☐☐ ○ ☐☐ ○ ☐☐
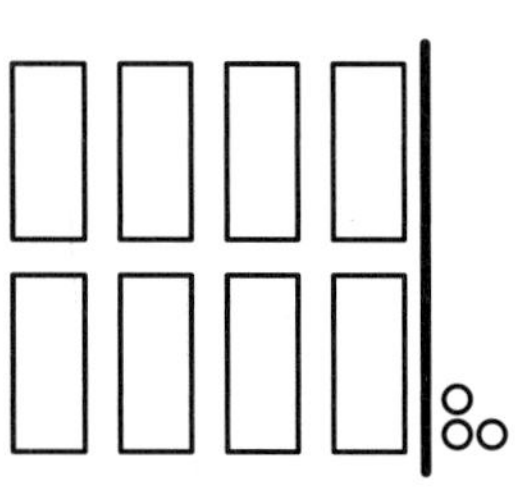	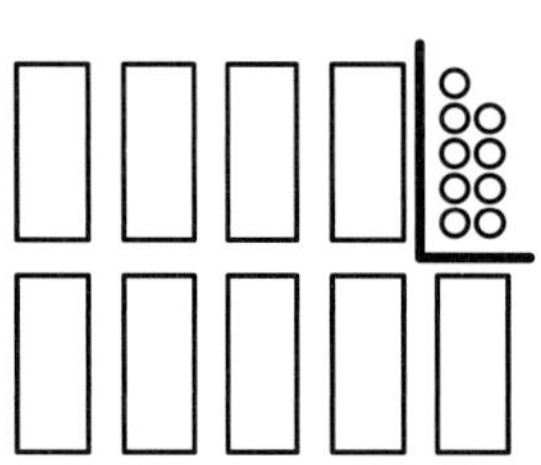	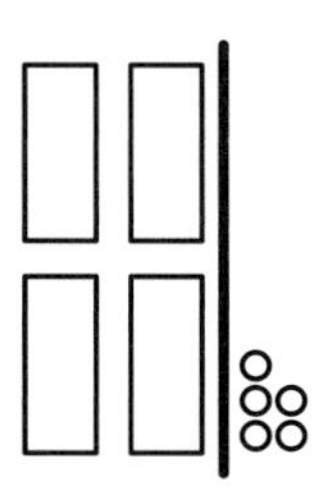	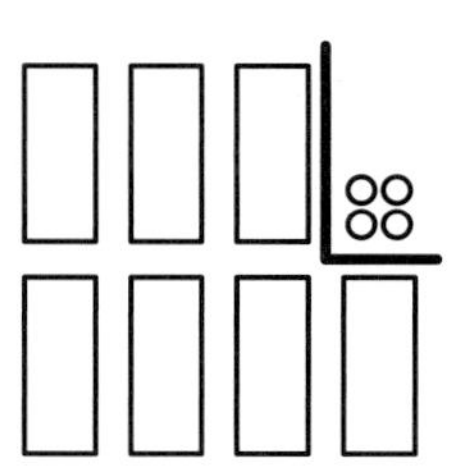
☐☐ ○ ☐☐ ○ ☐☐	☐☐ ○ ☐☐ ○ ☐☐	☐☐ ○ ☐☐ ○ ☐☐	☐☐ ○ ☐☐ ○ ☐☐

Kistler/Schneider: Rechnen ohne Stolperstein, Band 3A. Illustrationen: Kristina Klotz

Zerlege!

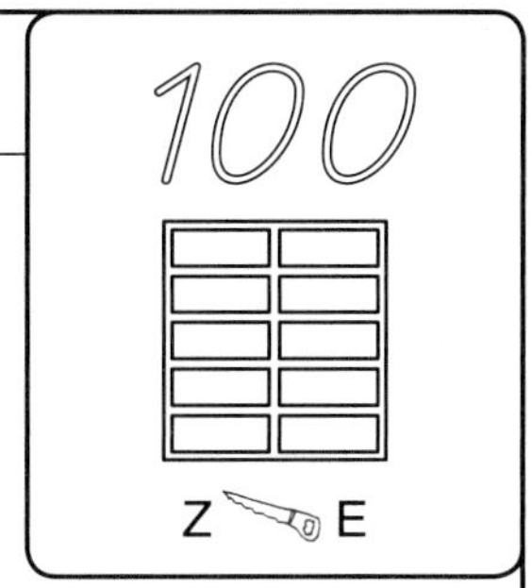

35 = 30 + ☐	59 = ☐ + 9	91 = ☐ + 1	
67 = 60 + ☐	27 = 20 + ☐	68 = 60 + ☐	
48 = ☐ + 8	41 = ☐ + 1	72 = 70 + ☐	
19 = ☐ + 9	14 = 10 + ☐	83 = ☐ + 3	9 = 5 + ☐
48 = ☐ + 8	49 = ☐ + 9	72 = ☐ + 2	96 = 90 + ☐
99 = ☐ + 9	19 = 10 + ☐	70 = ☐ + 0	29 = 20 + ☐
48 = 40 + ☐	75 = 70 + ☐	62 = ☐ + 2	74 = 70 + ☐
94 = 90 + ☐	69 = ☐ + 9	29 = ☐ + 9	37 = ☐ + 7
87 = ☐ + 7	7 = 4 + ☐	12 = 2 + ☐	23 = ☐ + 3
74 = 70 + ☐	42 = ☐ + 2	57 = 50 + ☐	13 = 3 + ☐

Lösungssatz: ☐☐☐ ☐☐☐ ☐☐☐ ☐☐☐ ☐☐☐☐☐☐☐☐ !

63 = 60 + ☐	(A) 36	(D) 3	(T) 60	36 = 6 + ☐	(U) 30	(T) 6	(A) 3
74 = 70 + ☐	(R) 40	(S) 70	(A) 4	64 = ☐ + 60	(Z) 60	(T) 4	(Q) 40
46 = ☐ + 40	(S) 6	(U) 40	(B) 44	76 = ☐ + 6	(G) 70	(U) 6	(K) 67
98 = 8 + ☐	(I) 90	(J) 9	(V) 8	48 = 8 + ☐	(D) 8	(E) 40	(N) 80
85 = ☐ + 80	(P) 80	(S) 5	(M) 50	83 = ☐ + 80	(L) 3	(Y) 30	(E) 80
43 = 40 + ☐	(X) 43	(I) 40	(T) 3	24 = ☐ + 4	(U) 20	(O) 4	(P) 2
58 = ☐ + 8	(H) 8	(D) 50	(W) 80	18 = ☐ + 10	(J) 18	(W) 10	(N) 8
95 = ☐ + 90	(G) 50	(B) 90	(I) 5	65 = 60 + ☐	(H) 60	(G) 5	(S) 6
34 = 30 + ☐	(L) 34	(R) 4	(Z) 30	86 = 80 + ☐	(E) 6	(I) 80	(T) 60
75 = ☐ + 5	(O) 5	(G) 70	(U) 57	33 = 3 + ☐	(C) 3	(N) 30	(K) 33

Achtung: Gemischte Aufgaben!

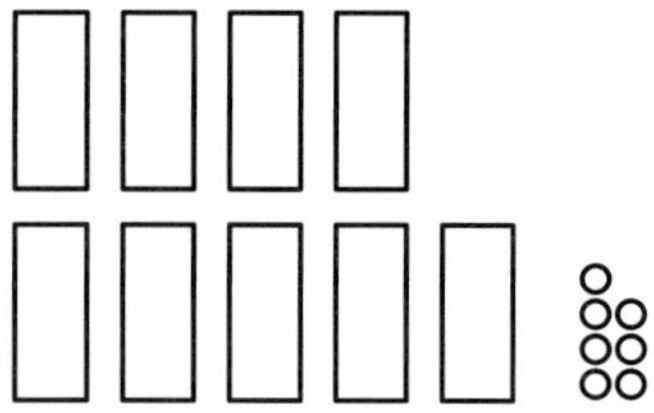

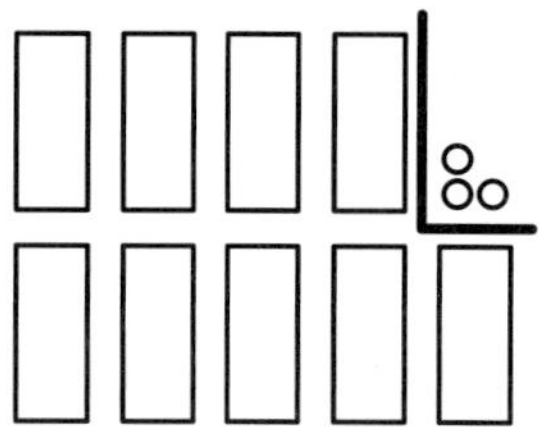

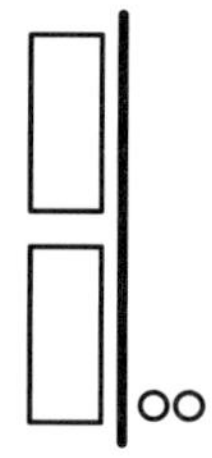

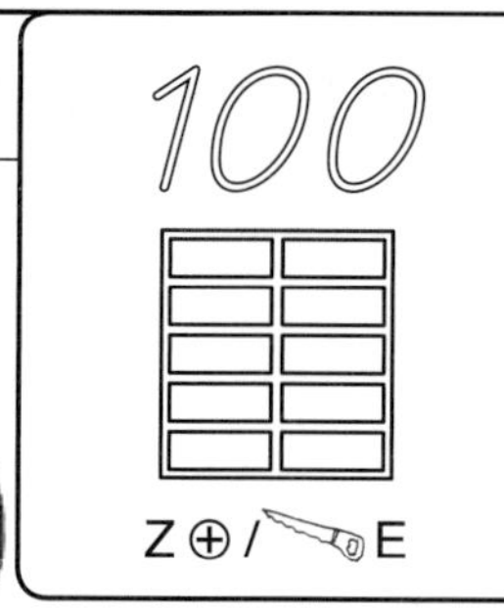

90 + 7 = □	93 = □ + 3	22 = 20 + □	
30 + 4 = □	55 = □ + 5	50 + □ = 53	35 = □ + 5
67 = 60 + □	24 = 20 + □	60 + 2 = □	20 + 7 = □
40 + □ = 46	40 = □ + 44	76 = 70 + □	70 + □ = 74
38 = □ + 8	20 = 6 + □	84 = □ + 4	54 = 50 + □
40 + 7 = □	43 = □ + 3	70 + □ = 75	90 + 5 = □

Finde Aufgaben: Die drei Freunde helfen dir!

3 ⊕ 50 ⊜ 53
50 ⊕ □ ⊜ □
□ ⊖ □ ⊜ □
□ ⊜ □ ⊕ □

7 · 90 · 97

□ ○ □ ○ □
□ ○ □ ○ □
□ ○ □ ○ □
□ ○ □ ○ □

40 · 41 · 1

□ ○ □ ○ □
□ ○ □ ○ □
□ ○ □ ○ □
□ ○ □ ○ □

30 · 34 · 4

□ ○ □ ○ □
□ ○ □ ○ □
□ ○ □ ○ □
□ ○ □ ○ □

80 · 6 · 86

□ ○ □ ○ □
□ ○ □ ○ □
□ ○ □ ○ □
□ ○ □ ○ □

Kistler/Schneider: Rechnen ohne Stolperstein, Band 3A. Illustrationen: Kristina Klotz

Die Einer werden mehr! Rechne.

100

ZE ⊕ E

$3 + 5 = \square\square$

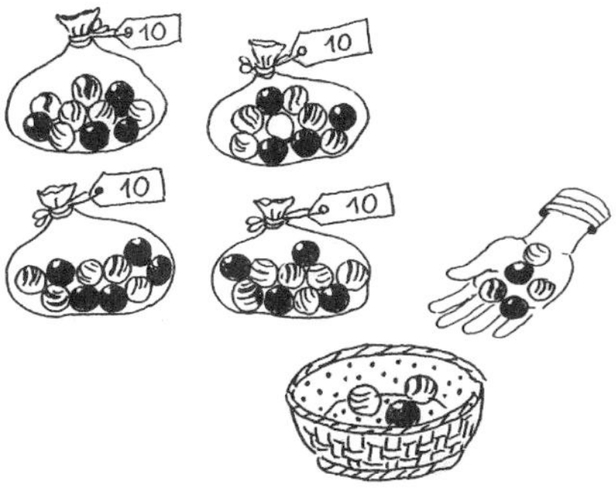

$43 + 5 = \square\square$

$6 + 3 = \square\square$

$56 + 3 = \square\square$

$3 + 5 = \square\square$

$43 + 5 = \square\square$

Male die Rechnung!

$1 + 7 = \square\square$

$21 + 7 = \square\square$

$7 + 2 = \square\square$

$87 + 2 = \square\square$

Wie heißt die kleine Aufgabe? Male die Rechnung.

$\square + \square = \square$

$91 + 5 = \square\square$

$\square + \square = \square$

$64 + 3 = \square\square$

$\square + \square = \square$

$73 + 3 = \square\square$

$\square + \square = \square$

$47 + 1 = \square\square$

Wie heißt die Rechnung?

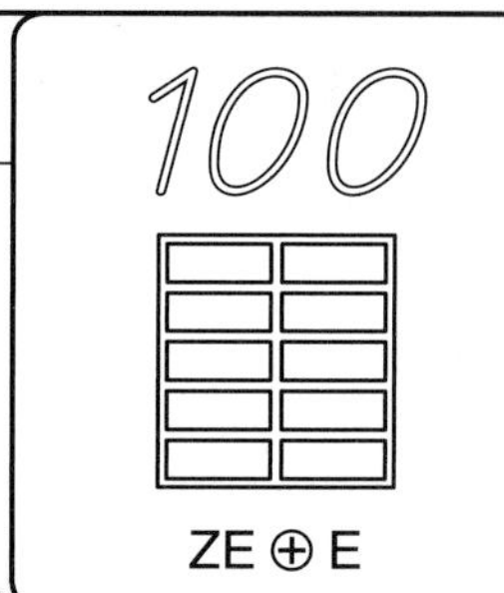

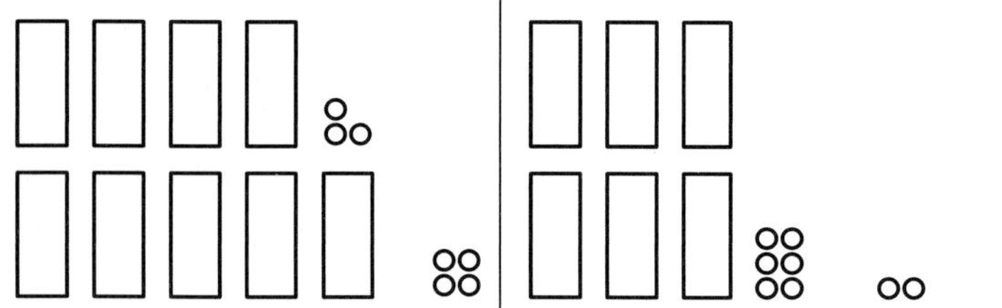

93 ⊕ 4 = ☐☐ | ☐☐ ○ ☐☐ ○ ☐☐ | ☐☐ ○ ☐☐ ○ ☐☐

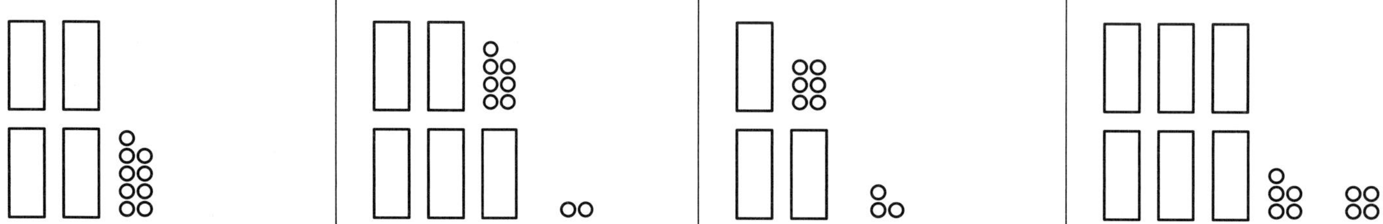

☐☐ ○ ☐☐ ○ ☐☐ | ☐☐ ○ ☐☐ ○ ☐☐ | ☐☐ ○ ☐☐ ○ ☐☐ | ☐☐ ○ ☐☐ ○ ☐☐

Male die richtigen Zahlen aus!

32 + 5 = ☐☐	23 + 5 = ☐☐
45 + 4 = ☐☐	54 + 3 = ☐☐
74 + 3 = ☐☐	88 + 1 = ☐☐
5 + 5 = ☐☐	9 + 8 = ☐☐
21 + 8 = ☐☐	35 + 4 = ☐☐
74 + 5 = ☐☐	63 + 6 = ☐☐
42 + 6 = ☐☐	92 + 3 = ☐☐
76 + 2 = ☐☐	32 + 1 = ☐☐
8 + 3 = ☐☐	13 + 6 = ☐☐
51 + 5 = ☐☐	91 + 8 = ☐☐

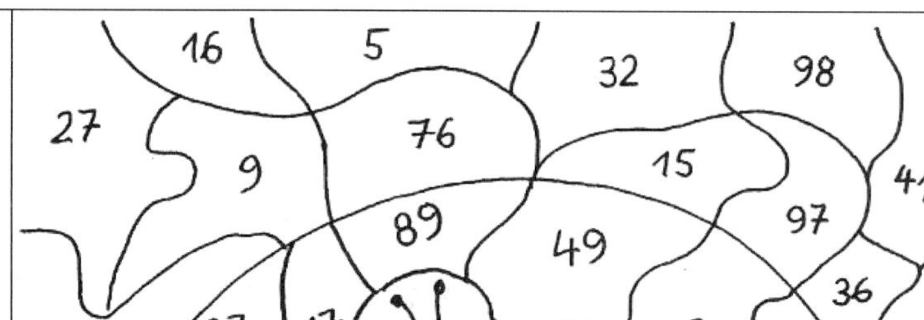

Die Einer werden weniger! Rechne.

6 – 2 = ☐☐

46 – 2 = ☐☐

7 – 4 = ☐☐

67 – 4 = ☐☐

9 – 9 = ☐☐

89 – 9 = ☐☐

Streiche weg und schreibe in Rot und Blau!

7 – 6 = ☐☐

27 – 6 = ☐☐

8 – 4 = ☐☐

58 – 4 = ☐☐

Wie heißt die kleine Aufgabe? Male die Rechnung.

☐ – ☐ = ☐
62 – 0 = ☐☐

☐ – ☐ = ☐
83 – 1 = ☐☐

☐ – ☐ = ☐
76 – 3 = ☐☐

☐ – ☐ = ☐
47 – 3 = ☐☐

Wie heißt die Rechnung?

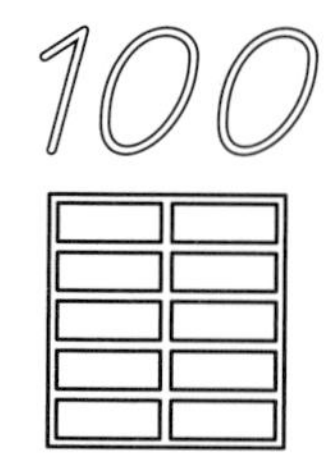

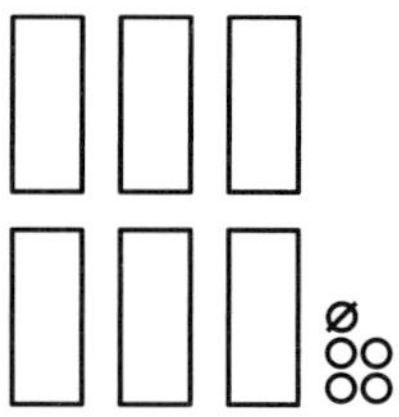

65 ⊖ 1 ⊜ ▢

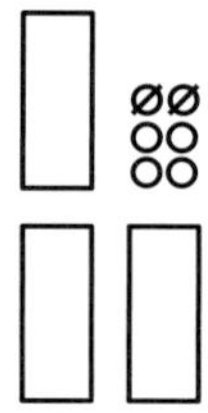

▢ ◯ ▢ ◯ ▢

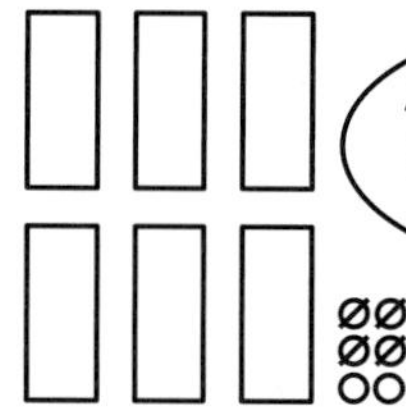

▢ ◯ ▢ ◯ ▢

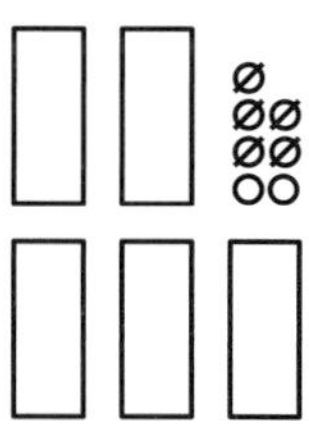

▢ ◯ ▢ ◯ ▢

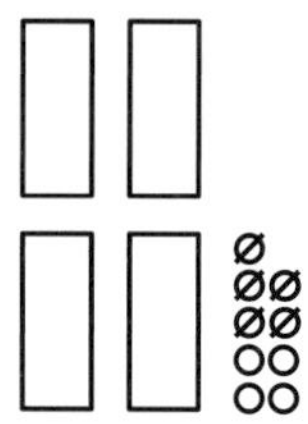

▢ ◯ ▢ ◯ ▢

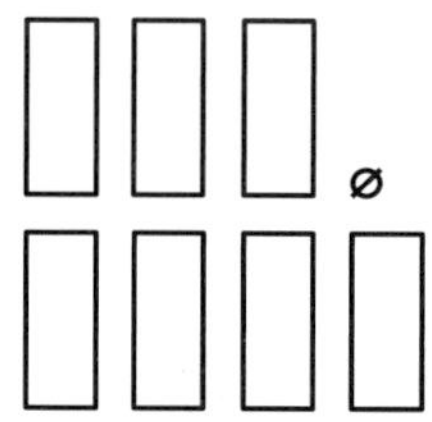

▢ ◯ ▢ ◯ ▢

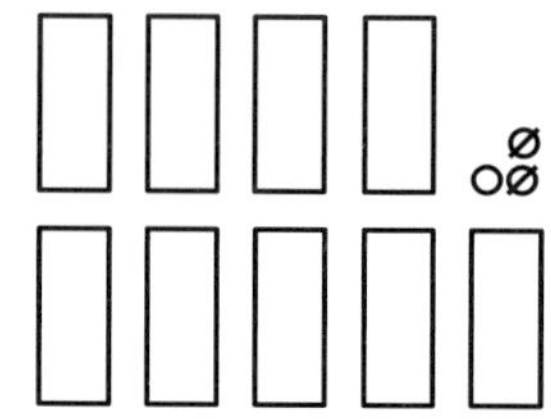

▢ ◯ ▢ ◯ ▢

Mit der kleinen Aufgabe geht es leicht! Rechne.

3 − 1 = ▢	7 − 3 = ▢	6 − 5 = ▢	
13 − 1 = ▢	37 − 3 = ▢	66 − 5 = ▢	
23 − 1 = ▢	67 − 3 = ▢	96 − 5 = ▢	9 − 2 = ▢
33 − 1 = ▢	87 − 3 = ▢	26 − 5 = ▢	39 − 2 = ▢
43 − 1 = ▢	47 − 3 = ▢	46 − 5 = ▢	89 − 2 = ▢
58 − 1 = ▢	62 − 1 = ▢	79 − 7 = ▢	33 − 3 = ▢
48 − 3 = ▢	45 − 2 = ▢	44 − 3 = ▢	88 − 4 = ▢
35 − 4 = ▢	77 − 2 = ▢	67 − 5 = ▢	65 − 2 = ▢
29 − 5 = ▢	46 − 3 = ▢	99 − 5 = ▢	38 − 5 = ▢
33 − 2 = ▢	98 − 3 = ▢	86 − 2 = ▢	77 − 5 = ▢

Achte auf ⊕ und ⊖! Rechne.

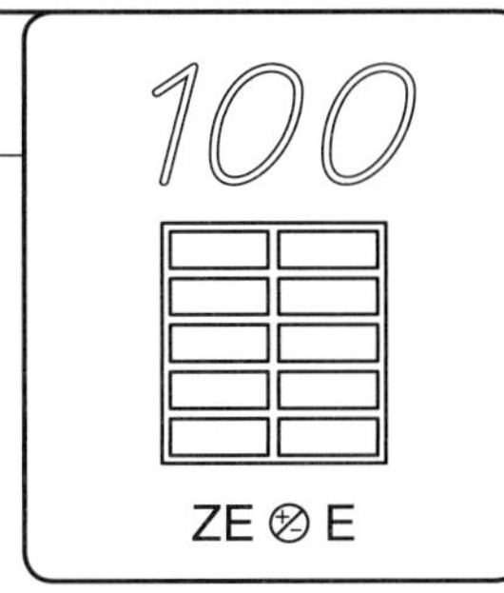

2 + 3 = ☐☐	22 + 3 = ☐☐	5 − 1 = ☐☐	25 − 1 = ☐☐
6 − 4 = ☐☐	46 − 4 = ☐☐	6 + 3 = ☐☐	96 + 3 = ☐☐

Male und schreibe!

☐ + ☐ = ☐	☐ − ☐ = ☐	☐ − ☐ = ☐	☐ + ☐ = ☐
43 + 6 = ☐☐	43 − 2 = ☐☐	34 − 3 = ☐☐	27 + 2 = ☐☐
☐ − ☐ = ☐	☐ + ☐ = ☐	☐ − ☐ = ☐	☐ + ☐ = ☐
48 − 4 = ☐☐	67 + 2 = ☐☐	78 − 4 = ☐☐	82 + 6 = ☐☐

Wie heißt die Rechnung?

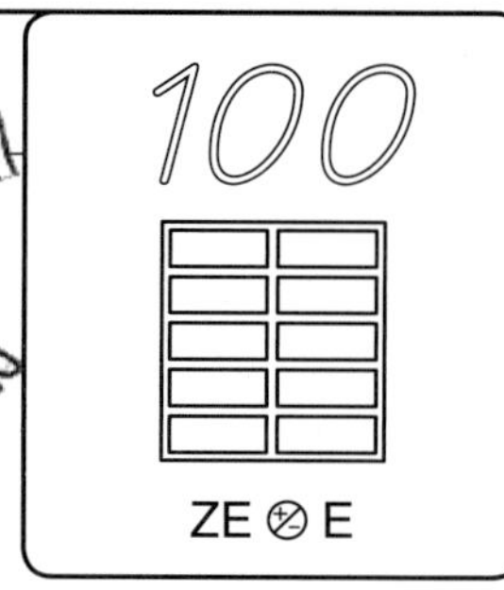

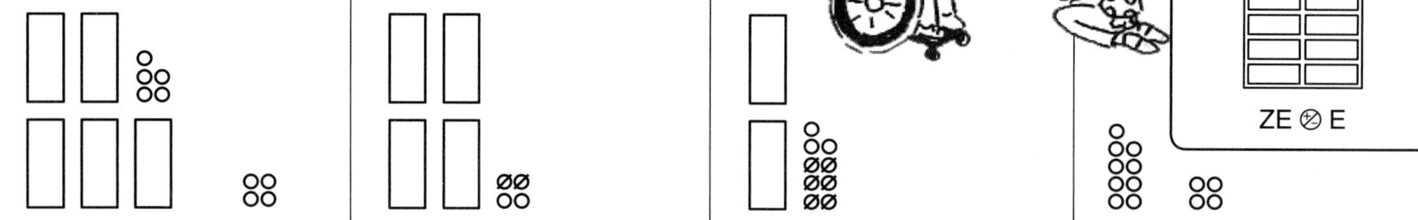

55 + 4 = ☐	☐ ○ ☐ ○ ☐	☐ ○ ☐ ○ ☐	☐ ○ ☐ ○ ☐

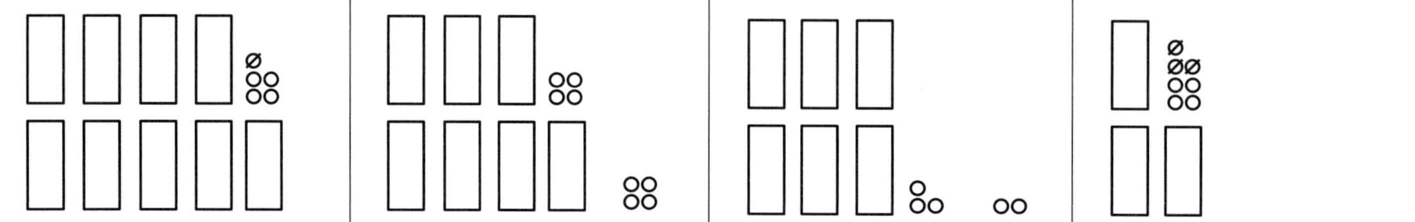

☐ ○ ☐ ○ ☐	☐ ○ ☐ ○ ☐	☐ ○ ☐ ○ ☐	☐ ○ ☐ ○ ☐

Du kannst das! Rechne.

8 + 1 = ☐	5 − 4 = ☐	79 − 7 = ☐	33 − 3 = ☐
18 + 1 = ☐	15 − 4 = ☐	44 + 3 = ☐	82 + 4 = ☐
28 + 1 = ☐	25 − 4 = ☐	67 − 5 = ☐	65 − 2 = ☐
38 + 1 = ☐	35 − 4 = ☐	94 + 5 = ☐	33 + 5 = ☐

Suche die Aufgaben und rechne!

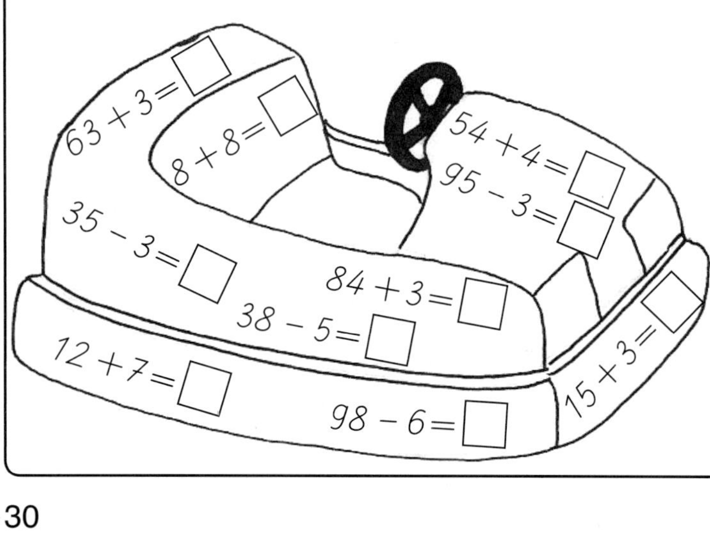

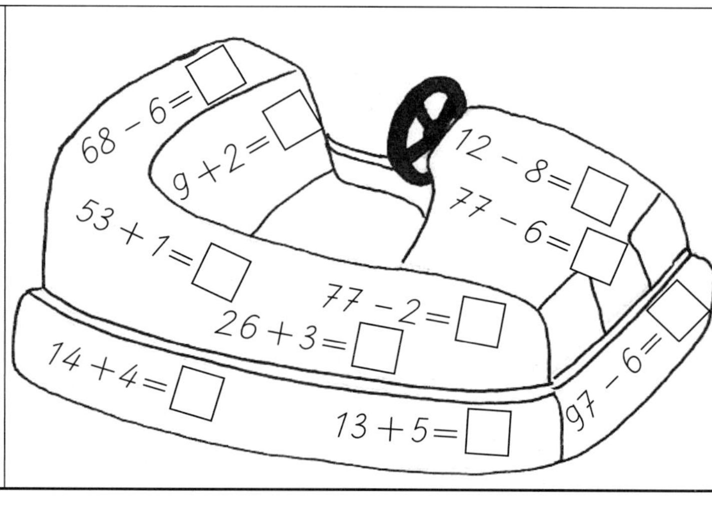

Kistler/Schneider: Rechnen ohne Stolperstein, Band 3A. Illustrationen: Kristina Klotz

Das kannst du schon!

100

ZE ⊘ E

4 + 7 =	75 + 3 =	61 + 7 =	
47 + 0 =	94 + 4 =	13 − 8 =	
4 + 9 =	98 − 4 =	56 + 2 =	
12 − 3 =	36 − 6 =	95 + 1 =	6 + 5 =
68 − 5 =	15 − 8 =	51 + 7 =	11 − 6 =
75 − 2 =	7 + 0 =	24 − 3 =	65 + 2 =
9 + 3 =	78 − 5 =	3 + 7 =	8 + 8 =
64 + 3 =	45 − 5 =	58 − 6 =	85 + 2 =
45 − 4 =	16 − 7 =	52 + 5 =	14 − 9 =
80 − 5 =	81 + 7 =	69 − 8 =	47 − 6 =

Umkehraufgaben

27 − 4 =

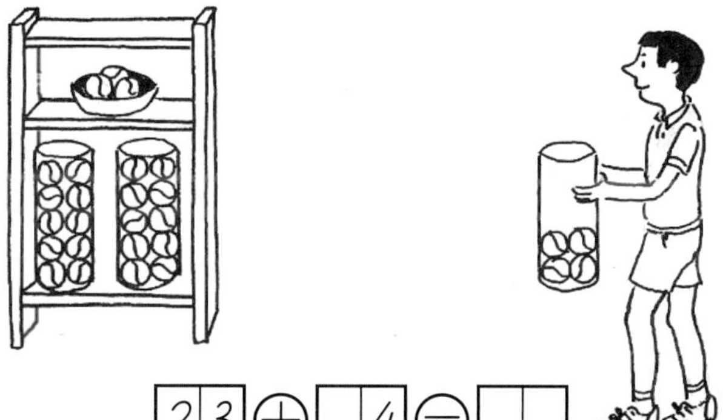

23 + 4 =

39 − 7 =	+ =
98 − 6 =	
77 − 2 =	
88 − 6 =	
69 − 5 =	
49 − 6 =	

Rechengeschichten

100

ZE ⊘ E

Susi hat 29 Euro im Geldbeutel. Sie geht ins Spielwarengeschäft und kauft sich eine Wasserpistole für 3 Euro.
Wie viel Euro sind jetzt noch im Geldbeutel?

Wir rechnen:

Wir antworten: ______________________________

Die Verkäuferin hat schon 37 Spiele ins Regal eingeordnet.
Nach der Mittagspause entdeckt sie noch 2 Spiele im Karton und stellt sie dazu. Wie viele Spiele stehen nun im Regal?

Wir rechnen:

Wir antworten: ______________________________

Gabi hat für ihren Geburtstag 45 Knaller gekauft.
Weil sie nicht abwarten kann, feuert sie schon 3 davon ab.
Wie viele Knaller hat sie noch für den Geburtstag?

Wir rechnen:

Wir antworten: ______________________________

Diana hat schon 51 Bauernhoftiere in ihrem Hof stehen.
Von ihrem Taschengeld kauft sie sich noch 8 kleine Ferkel.
Wie viele Tiere hat sie jetzt?

Wir rechnen:

Wir antworten: ______________________________

Das Lieferauto bringt 95 neue Gameboys.
Im Regal sind noch 4 Gameboys.
Wie viele Gameboys stehen nun im Regal?

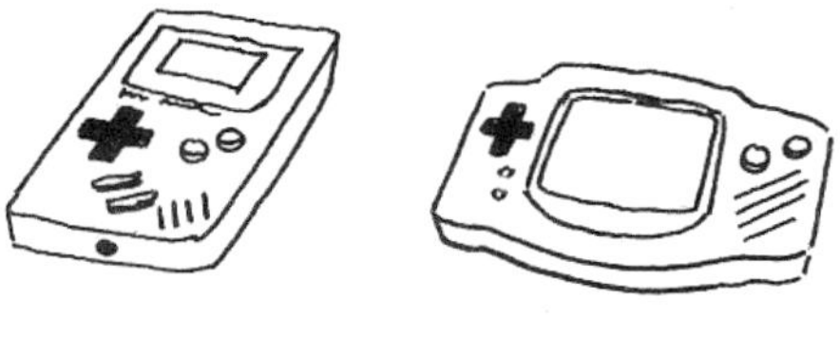

Wir rechnen:

Wir antworten: ______________________________

Im Regal stehen 67 Teile eines Puppengeschirrs aus Porzellan.
Maria wirft versehentlich 3 Tassen herunter. Sie gehen kaputt.
Wie viele Teile stehen noch im Regal?

Wir rechnen:

Wir antworten: ______________________________

Kistler/Schneider: Rechnen ohne Stolperstein, Band 3A. Illustrationen: Kristina Klotz

Rechengeschichten

100

ZE ⊘ E

Hannah sucht sich im Geschäft 29 Glasmurmeln aus.
7 Murmeln fallen ihr auf der Straße in den Gulli.
Wie viele Murmeln hat sie noch?

Wir rechnen: ☐☐ ○ ☐☐ ○ ☐☐

Wir antworten: ______________________________

Magdalena hat 42 Tattoos gesammelt.
Im Laden kauft sie noch 5 Leucht-Tattoos.
Wie viele Tattoos besitzt sie nun?

Wir rechnen: ☐☐ ○ ☐☐ ○ ☐☐

Wir antworten: ______________________________

Ich denke mir eine Zahl:
Die Zahl ist
um 5 kleiner als 99.

☐☐ ○ ☐☐ ○ ☐☐

Wir antworten: ______________________________

Ich denke mir eine Zahl:
Wenn ich zu dieser Zahl 3 dazurechne,
kommt 78 heraus.

☐☐ ○ ☐☐ ○ ☐☐

Wir antworten: ______________________________

Ich denke mir eine Zahl:
Sie ist um 6 größer als 71.
Sie ist um 2 kleiner als 79.

☐☐ ○ ☐☐ ○ ☐☐

Wir antworten: ______________________________

Ich denke mir eine Zahl:
Sie ist um 3 größer als 82
und um 2 kleiner als 87.

☐☐ ○ ☐☐ ○ ☐☐

Wir antworten: ______________________________

Zerlege die Einer!

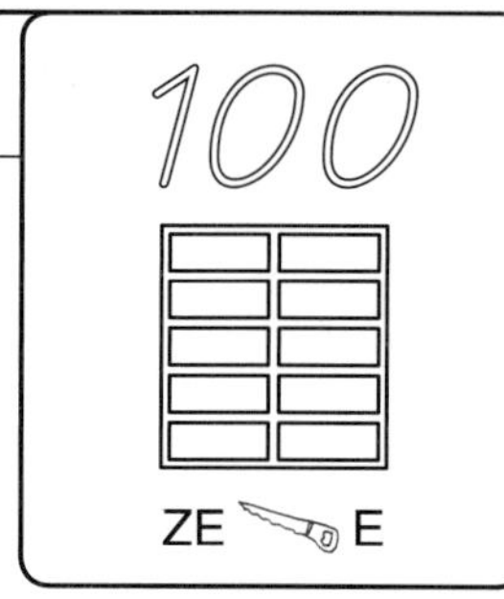

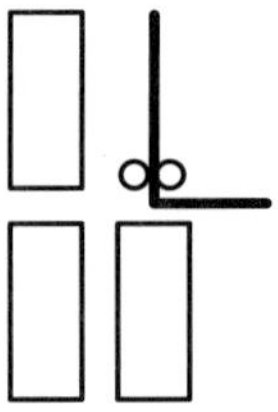

32 = 31 + □□

□ = □ + □

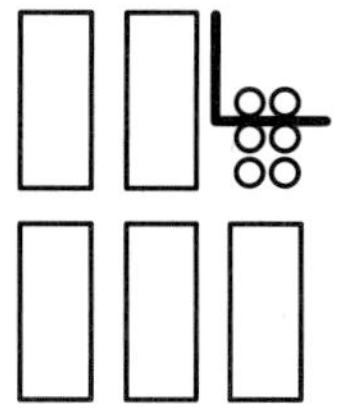

56 = 54 + □□

□ = □ + □

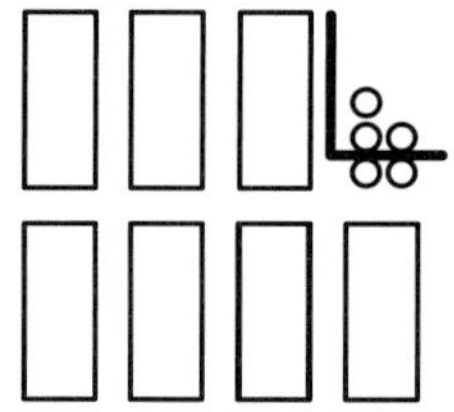

75 = 72 + □□

□ = □ + □

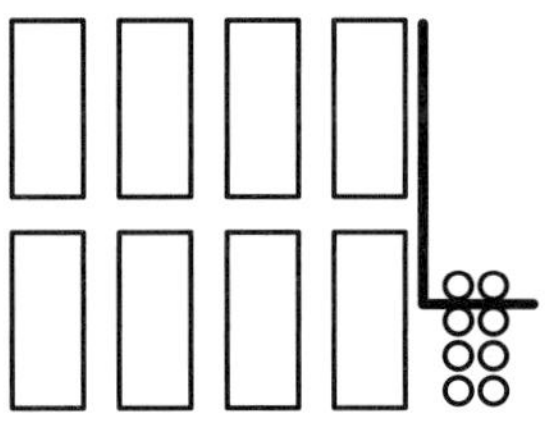

88 = 84 + □□

□ = □ + □

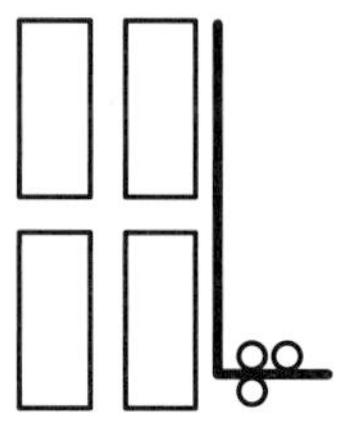

43 = 41 + □□

□ = □ + □

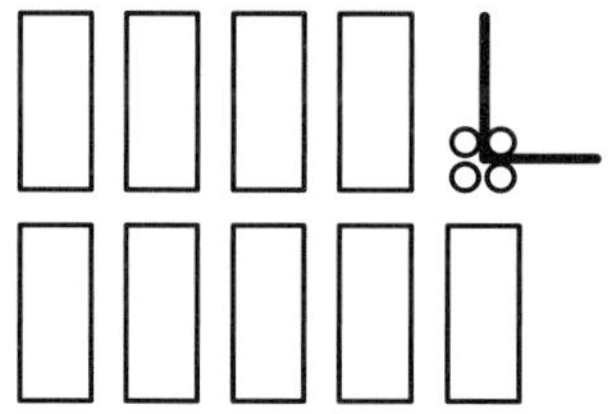

94 = 93 + □□

□ = □ + □

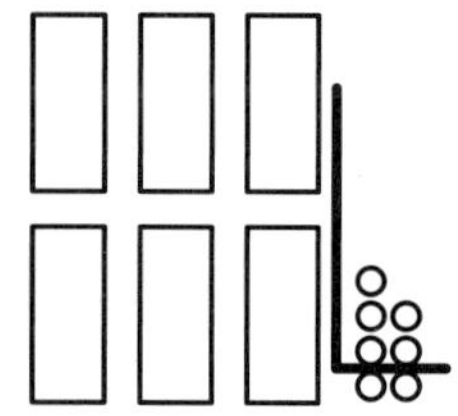

67 = 62 + □□

□ = □ + □

Auf die Plätze – fertig – rechnen!

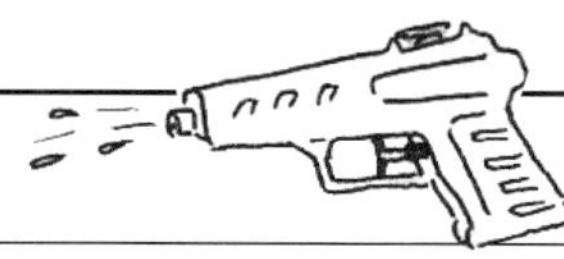

42 = 41 + □□	54 = 53 + □□	87 = 83 + □□	15 = 12 + □□
39 = 32 + □□	95 = 92 + □□	11 = 0 + □□	26 = 23 + □□
28 = 24 + □□	12 = 10 + □□	97 = 94 + □□	85 = 84 + □□
92 = 91 + □□	77 = 74 + □□	77 = 73 + □□	53 = 51 + □□
63 = 63 + □□	86 = 81 + □□	9 = 2 + □□	66 = 66 + □□
74 = 73 + □□	79 = 76 + □□	88 = 85 + □□	19 = 9 + □□
13 = 11 + □□	12 = 11 + □□	9 = 4 + □□	49 = 45 + □□
14 = 12 + □□	93 = 92 + □□	17 = 14 + □□	99 = 96 + □□
61 = 61 + □□	68 = 67 + □□	55 = 54 + □□	78 = 76 + □□
98 = 95 + □□	69 = 64 + □□	82 = 82 + □□	99 = 95 + □□

Kistler/Schneider: Rechnen ohne Stolperstein, Band 3A. Illustrationen: Kristina Klotz

Rechne und zerlege!

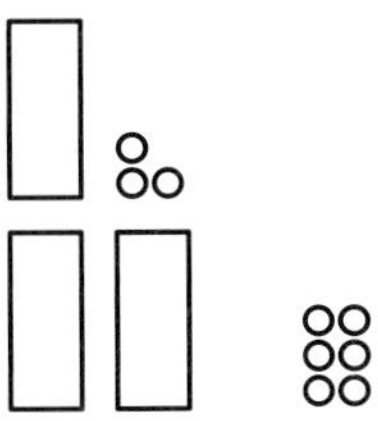

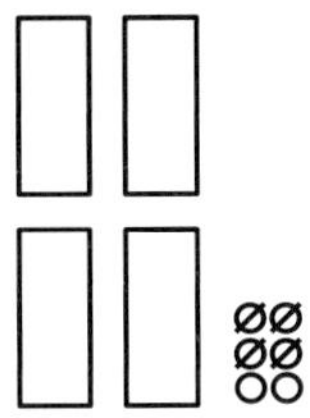

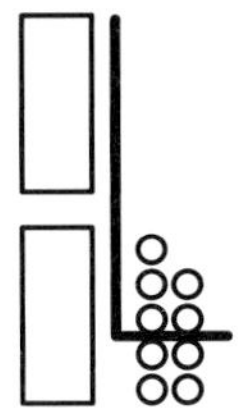

33 + 6 = ☐☐	46 − 4 = ☐☐	29 = 24 + ☐☐	
24 − 4 = ☐☐	52 + 6 = ☐☐	59 = 55 + ☐☐	73 + ☐☐ = 77
3 + 8 = ☐☐	69 − 7 = ☐☐	36 = 31 + ☐☐	27 = 25 + ☐☐
16 = 13 + ☐☐	46 + ☐☐ = 48	36 − 5 = ☐☐	95 + 3 = ☐☐
58 − 7 = ☐☐	54 + ☐☐ = 59	64 + 4 = ☐☐	78 − 7 = ☐☐
47 = 45 + ☐☐	90 + 9 = ☐☐	12 − 3 = ☐☐	23 + ☐☐ = 28

Fehlersuche: Streiche falsche Aufgaben aus. Trage Buchstaben der richtigen Aufgaben unten ein.

B: 98 − 5 = 92	L: 74 + 3 = 77
D: 34 + 5 = 39	E: 78 − 6 = 72
U: 74 − 3 = 71	F: 95 + 4 = 98
H: 83 + 3 = 86	R: 97 − 4 = 93
A: 79 + 0 = 79	A: 55 − 4 = 51
S: 28 − 4 = 24	U: 88 + 1 = 89
T: 39 − 2 = 37	G: 23 + 5 = 28
A: 63 + 6 = 69	E: 61 − 1 = 60
D: 49 − 5 = 44	N: 81 + 8 = 89

Lösungssatz:

☐☐ ☐☐☐☐

☐☐☐☐☐☐☐☐☐☐

Du hast es verstanden!

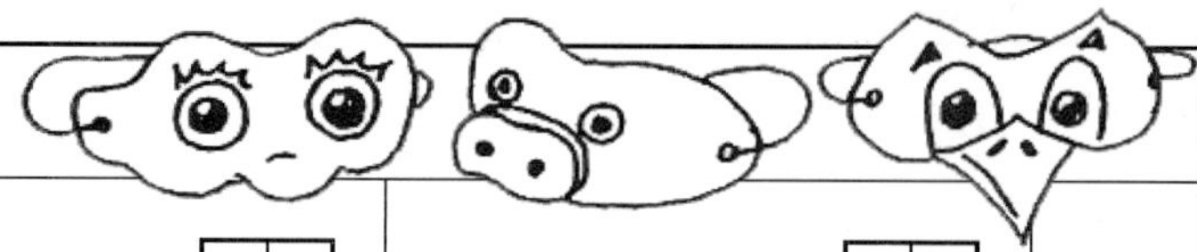

47 − 5 = □	14 − 5 = □	98 = 7 + □	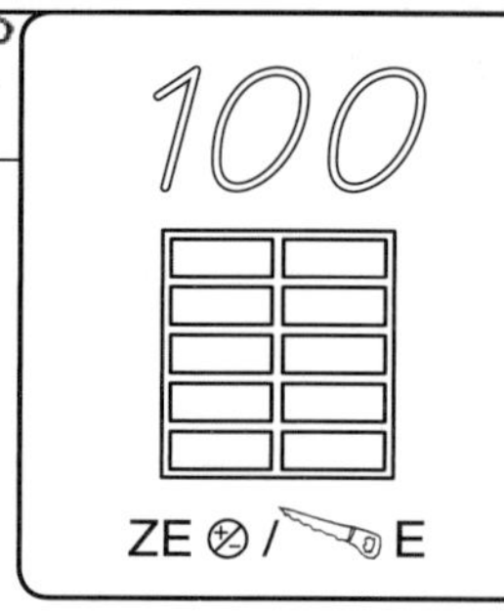
52 + 5 = □	47 = 6 + □	13 − 4 = □	
20 + □ = 22	81 + 8 = □	56 + □ = 59	
96 − □ = 91	87 + 2 = □	93 = 91 + □	70 + 1 = □
50 + □ = 58	17 − 9 = □	44 + □ = 49	89 − 7 = □
97 − 5 = □	22 − 1 = □	48 + 1 = □	65 + 3 = □
64 = 3 + □	88 − □ = 81	28 − 6 = □	35 − 3 = □
51 + □ = 59	90 + 0 = □	73 + □ = 78	53 + □ = 58
81 + 5 = □	65 = 4 + □	11 − 5 = □	22 + 7 = □
76 − 5 = □	8 + 6 = □	9 + 9 = □	48 − 6 = □

Finde Aufgaben: Die drei Freundinnen helfen dir!

63 ⊕ 4 ⊜ 67
□ ⊕ □ ⊜ □
□ ⊖ □ ⊜ □
□ ⊜ □ ⊕ □

78 73 5

□ ○ □ ○ □
□ ○ □ ○ □
□ ○ □ ○ □
□ ○ □ ○ □

4 92 96

□ ○ □ ○ □
□ ○ □ ○ □
□ ○ □ ○ □
□ ○ □ ○ □

38 2 36

□ ○ □ ○ □
□ ○ □ ○ □
□ ○ □ ○ □
□ ○ □ ○ □

81 8 89

□ ○ □ ○ □
□ ○ □ ○ □
□ ○ □ ○ □
□ ○ □ ○ □

Kistler/Schneider: Rechnen ohne Stolperstein, Band 3A. Illustrationen: Kristina Klotz

Im Schwimmbad: Die Zehner ändern sich!

100

ZE ⊕ Z

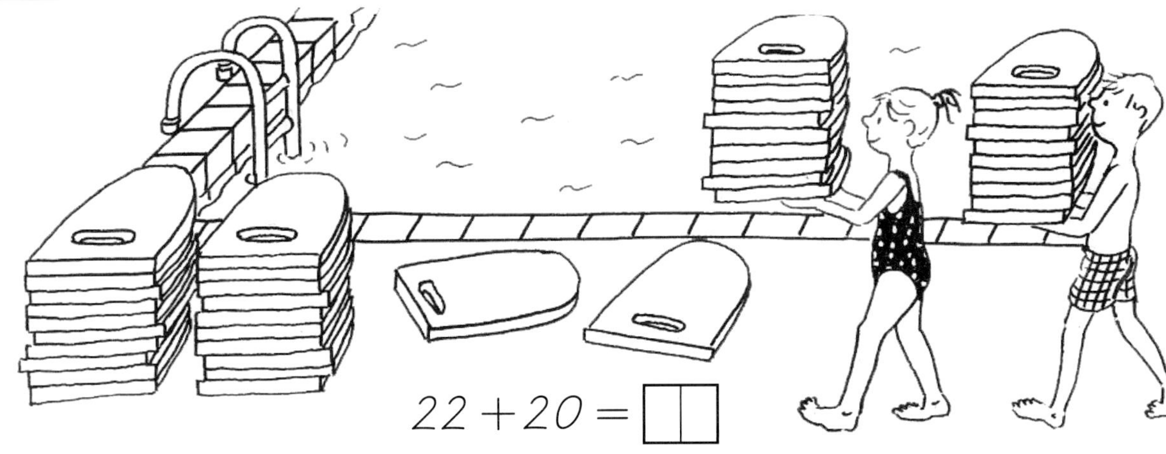

22 + 20 = ☐☐

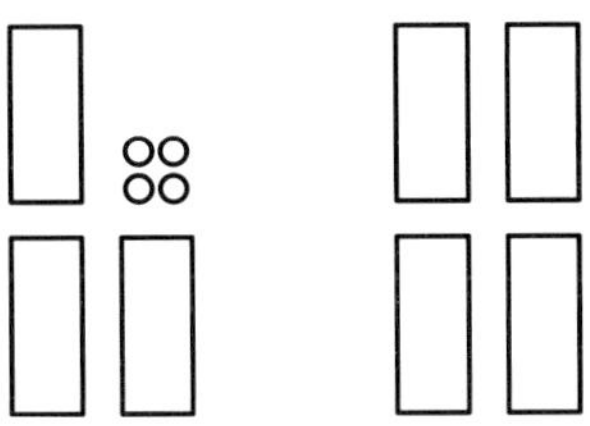

34 + 40 = ☐☐

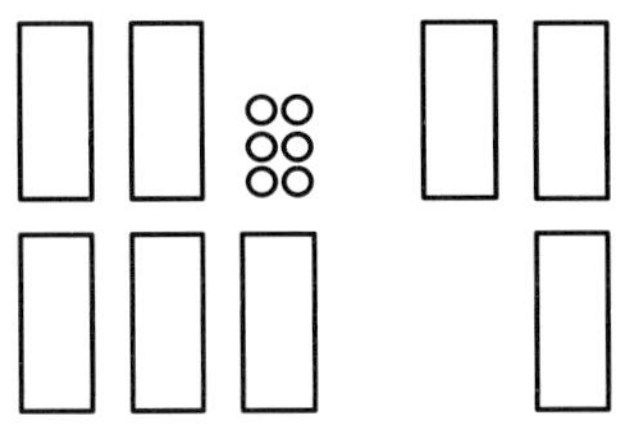

56 + 30 = ☐☐

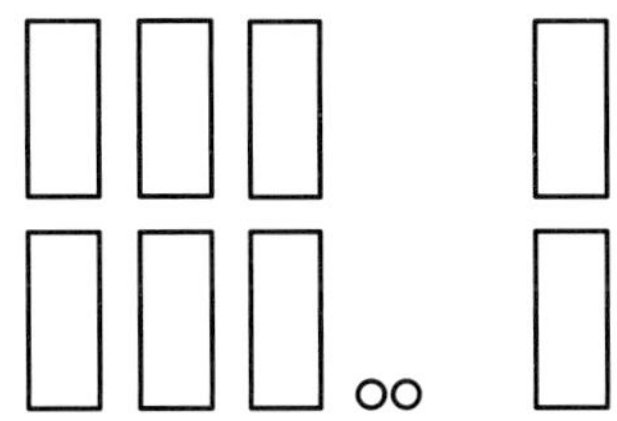

62 + 20 = ☐☐

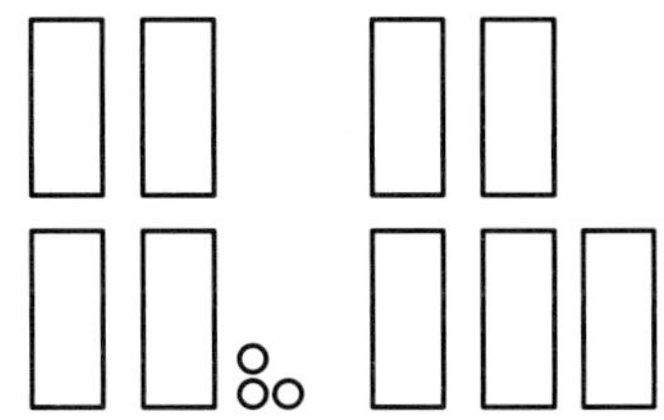

43 + 50 = ☐☐

Male die Rechnung! Schreibe rot und blau.

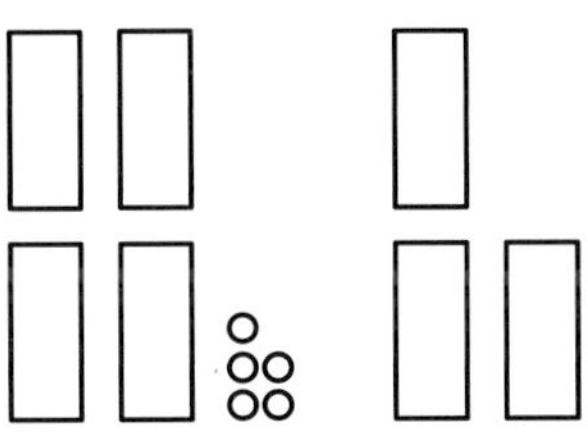

45 + 30 = ☐☐

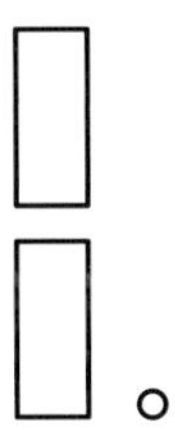

21 + 70 = ☐☐

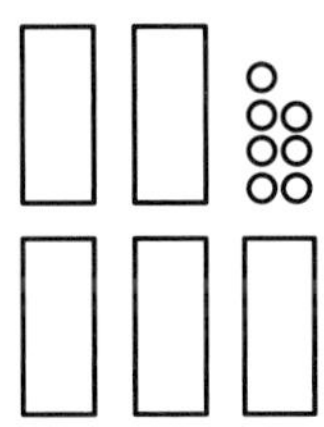

57 + 20 = ☐☐

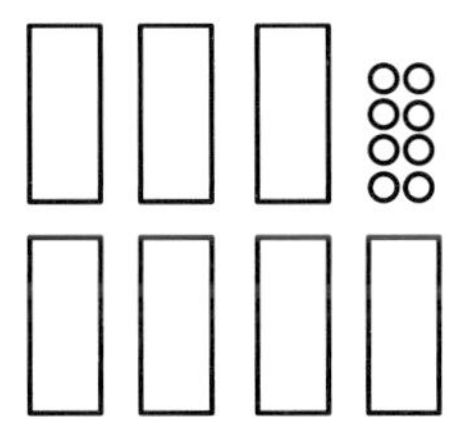

78 + 10 = ☐☐

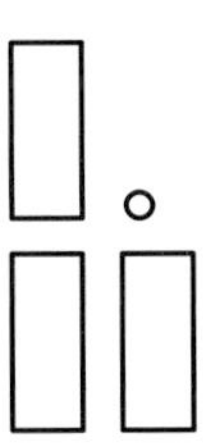

31 + 50 = ☐☐

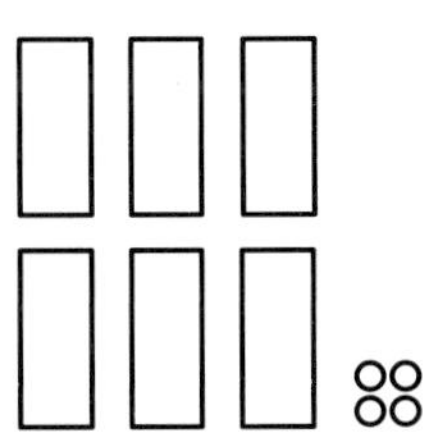

64 + 30 = ☐☐

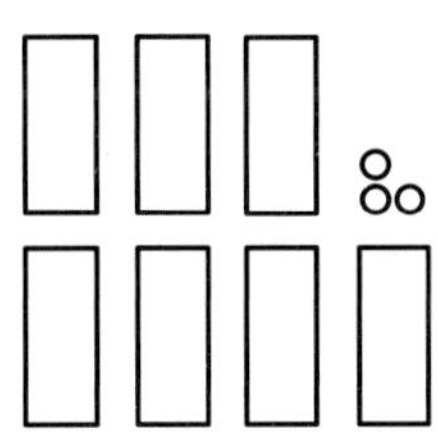

73 + 20 = ☐☐

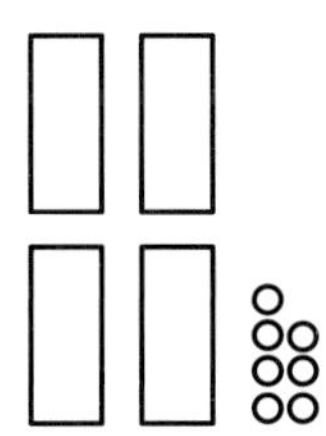

47 + 40 = ☐☐

Kistler/Schneider: Rechnen ohne Stolperstein, Band 3A. Illustrationen: Kristina Klotz

Wie heißt die Rechnung?

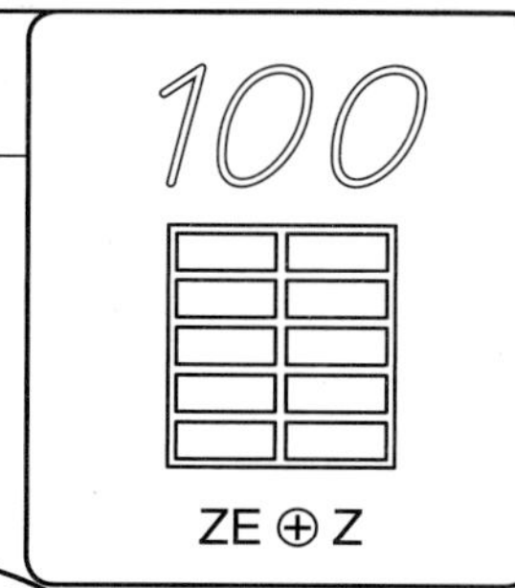

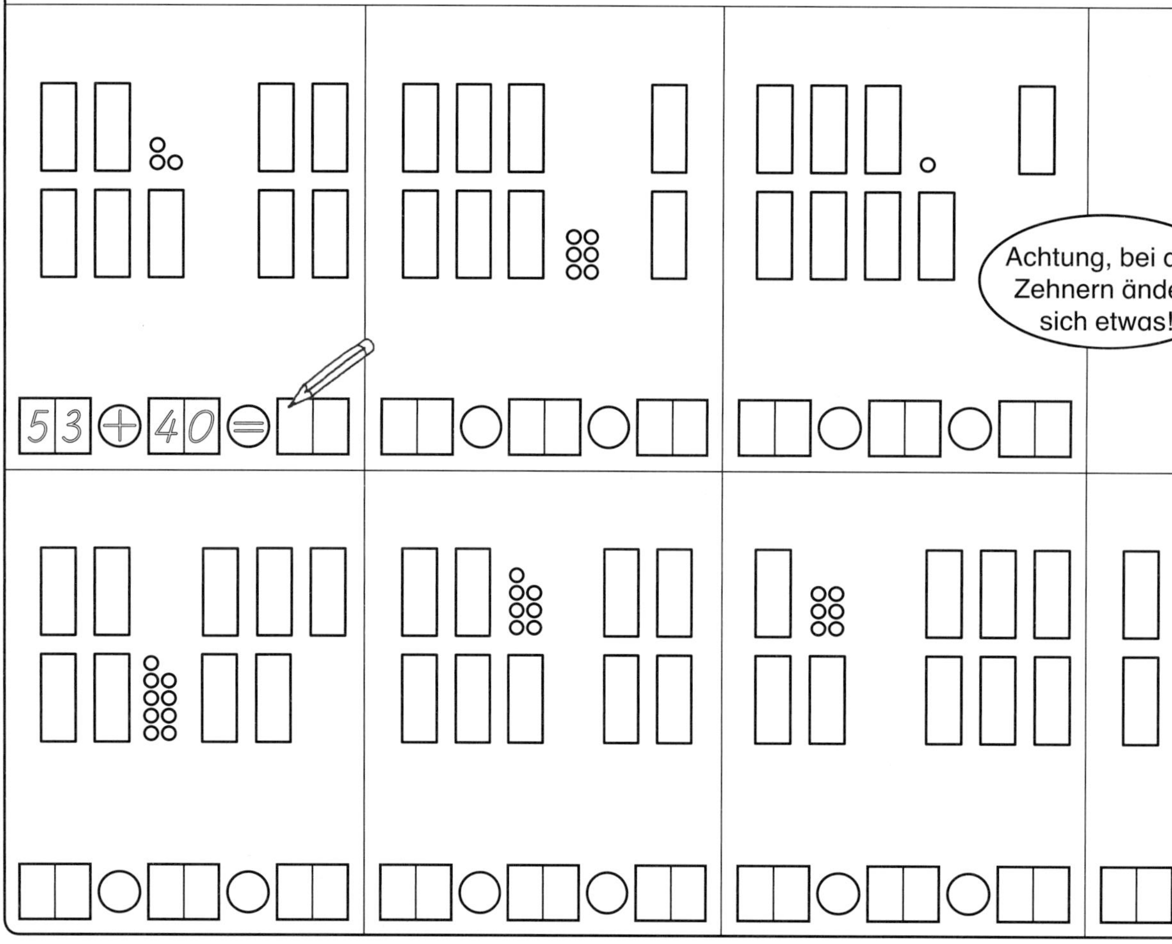

Wie heißt die Aufgabe? Rechne.

11 + ☐ = ☐
73 + ☐ = ☐
65 + ☐ = ☐
36 + ☐ = ☐
29 + ☐ = ☐
42 + ☐ = ☐
76 + ☐ = ☐
51 + ☐ = ☐
68 + ☐ = ☐

53 + ☐ = ☐
48 + ☐ = ☐
33 + ☐ = ☐
12 + ☐ = ☐
6 + ☐ = ☐
47 + ☐ = ☐
31 + ☐ = ☐
59 + ☐ = ☐
27 + ☐ = ☐

69 + ☐ = ☐
55 + ☐ = ☐
43 + ☐ = ☐
88 + ☐ = ☐
37 + ☐ = ☐
75 + ☐ = ☐
64 + ☐ = ☐
81 + ☐ = ☐
17 + ☐ = ☐

58 + ☐ = ☐
37 + ☐ = ☐
14 + ☐ = ☐
68 + ☐ = ☐
3 + ☐ = ☐
25 + ☐ = ☐
66 + ☐ = ☐
56 + ☐ = ☐
41 + ☐ = ☐

Kistler/Schneider: Rechnen ohne Stolperstein, Band 3A. Illustrationen: Kristina Klotz

Finde eine passende Rechnung mit ZE ⊕ Z!

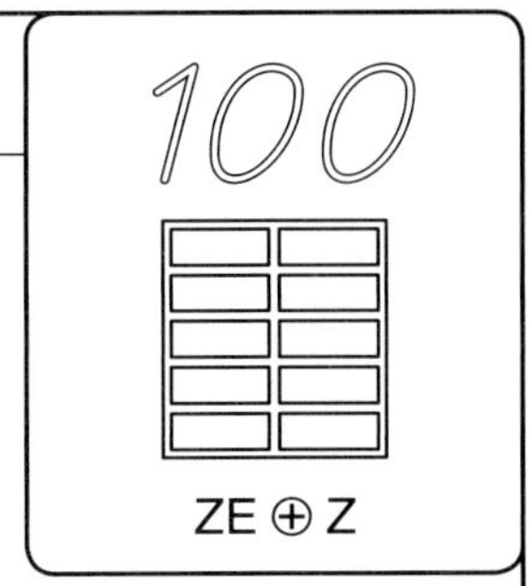

34 + 30 = 64	□□ + □□ = 93	□□ + □□ = 84	
□□ + □□ = 76	□□ + □□ = 68	□□ + □□ = 77	
□□ + □□ = 89	□□ + □□ = 41	□□ + □□ = 13	
□□ + □□ = 21	□□ + □□ = 52	□□ + □□ = 11	□□ + □□ = 18
□□ + □□ = 14	□□ + □□ = 63	□□ + □□ = 97	□□ + □□ = 57

Für Spürnasen: Rechne zuerst, finde dann eine passende Aufgabe!

76 + 10 = □□	31 + 30 = □□		89 + 10 = □□
32 + 20 = □□	32 + 50 = □□		49 + 50 = □□
48 + 30 = □□	33 + 60 = □□		19 + 80 = □□
□□ + □□ = □□	□□ + □□ = □□		□□ + □□ = □□

Male die richtigen Zahlen aus!

32 + 50 = □□	23 + 50 = □□
45 + 40 = □□	58 + 30 = □□
74 + 20 = □□	88 + 10 = □□
45 + 50 = □□	19 + 80 = □□
21 + 60 = □□	37 + 40 = □□
74 + 10 = □□	68 + 10 = □□
42 + 50 = □□	22 + 30 = □□
67 + 20 = □□	32 + 10 = □□
28 + 30 = □□	13 + 20 = □□
51 + 40 = □□	11 + 30 = □□

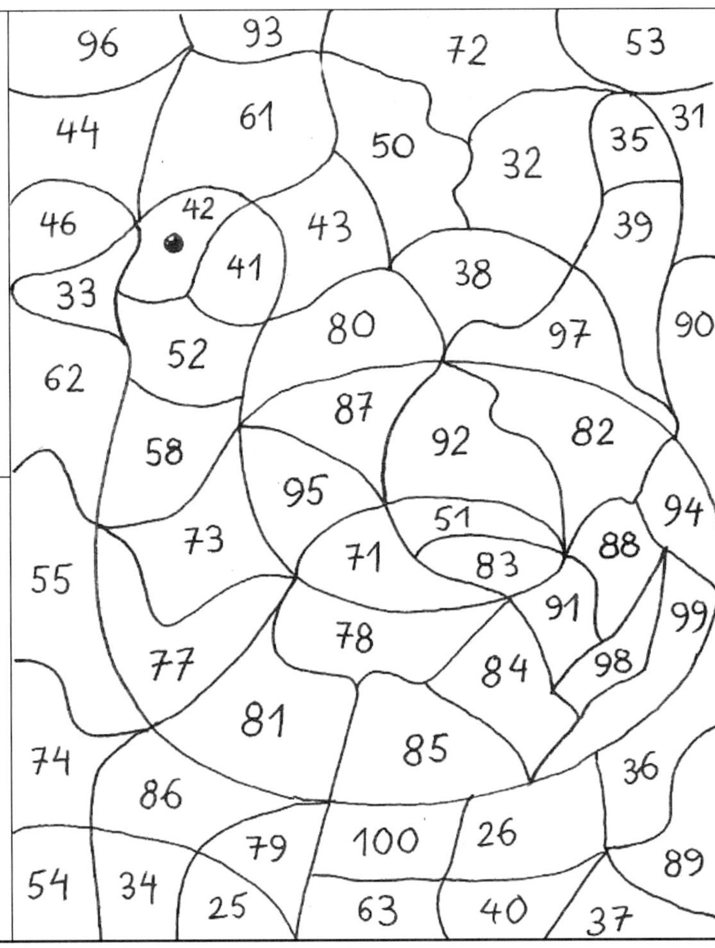

Kistler/Schneider: Rechnen ohne Stolperstein, Band 3A. Illustrationen: Kristina Klotz

Die Zehner werden weniger! Rechne.

100

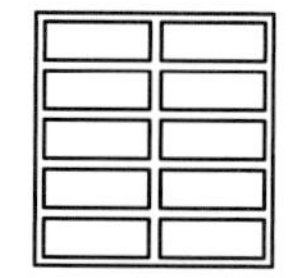

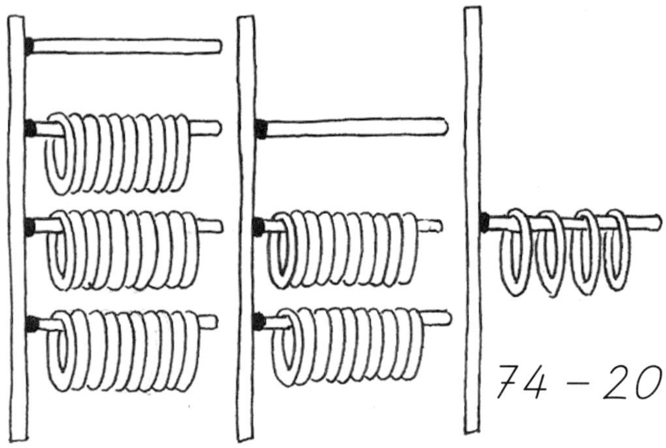

74 − 20 = ☐☐

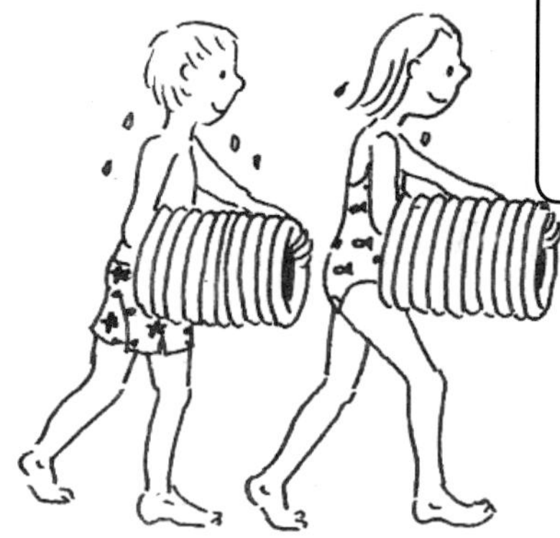

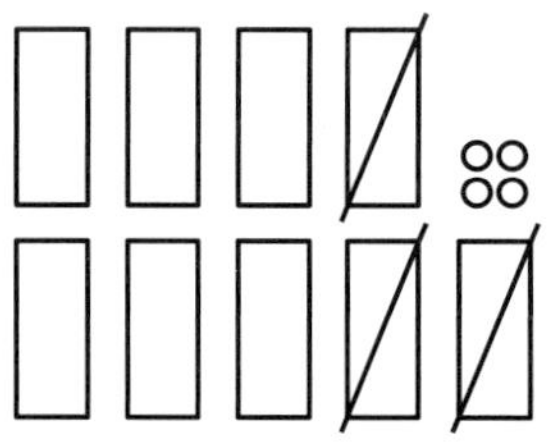

94 − 30 = ☐☐

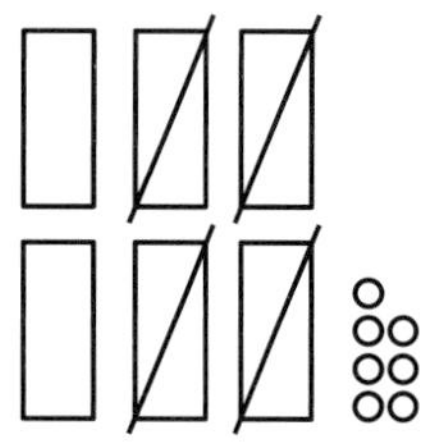

67 − 40 = ☐☐

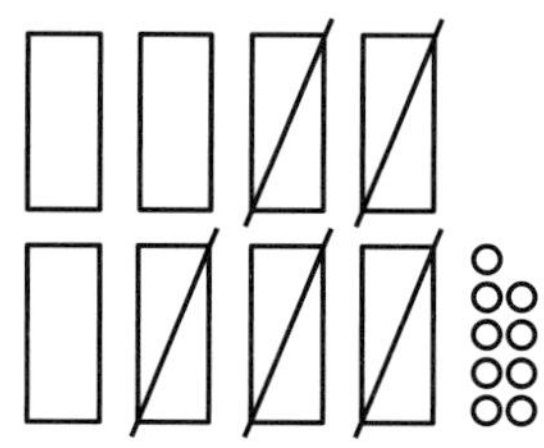

89 − 50 = ☐☐

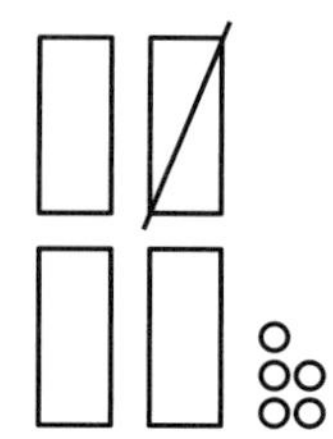

45 − 10 = ☐☐

Streiche weg und rechne!

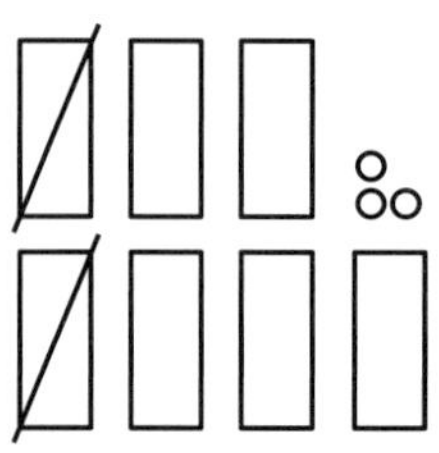

73 − 20 = ☐☐

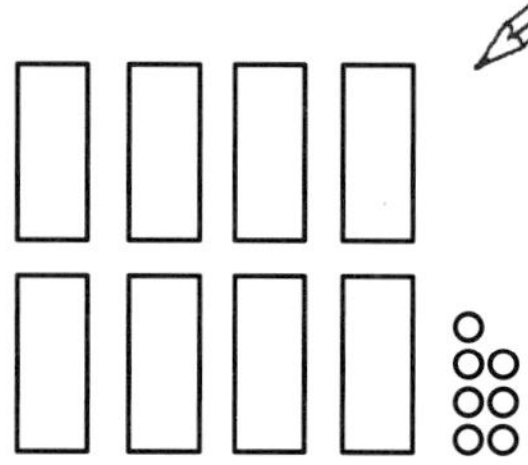

87 − 60 = ☐☐

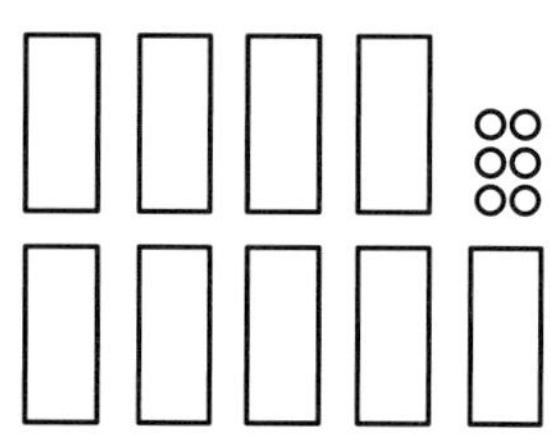

96 − 80 = ☐☐

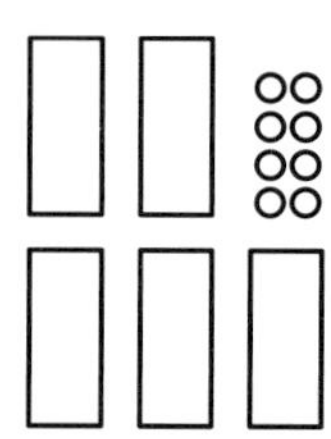

58 − 40 = ☐☐

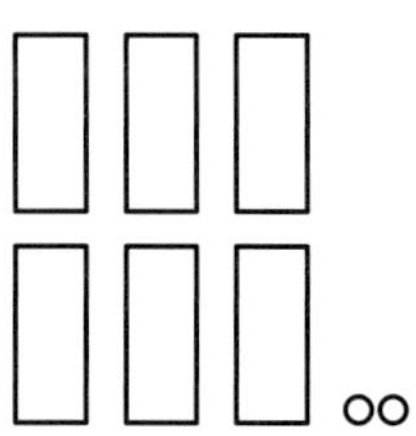

62 − 50 = ☐☐

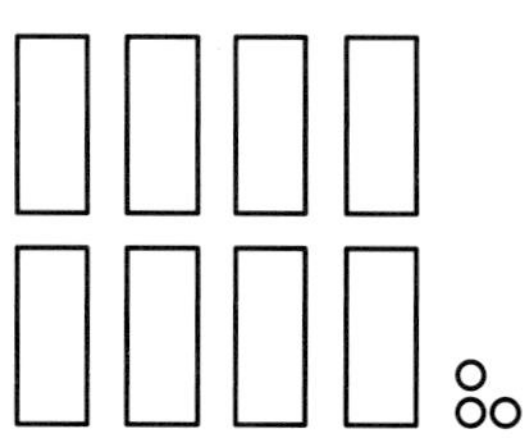

83 − 10 = ☐☐

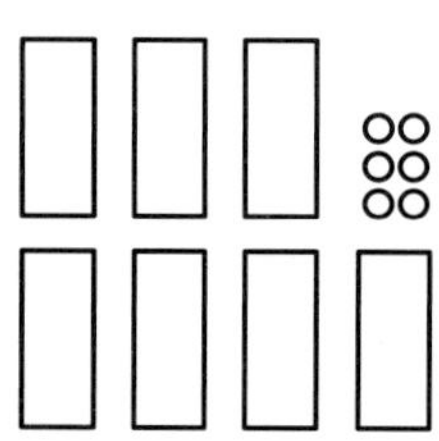

76 − 30 = ☐☐

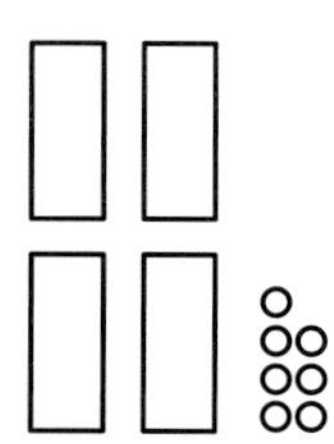

47 − 30 = ☐☐

Kistler/Schneider: Rechnen ohne Stolperstein, Band 3A. Illustrationen: Kristina Klotz

Wie heißt die Rechnung?

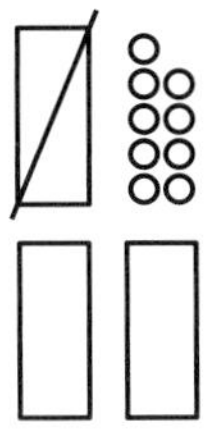	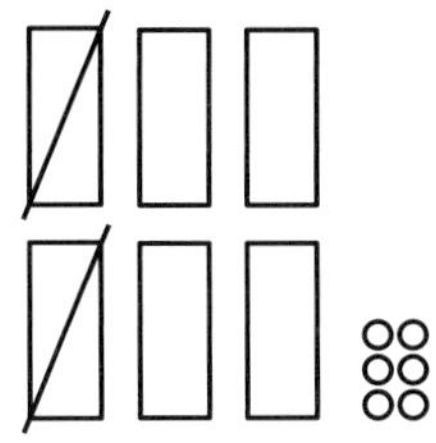	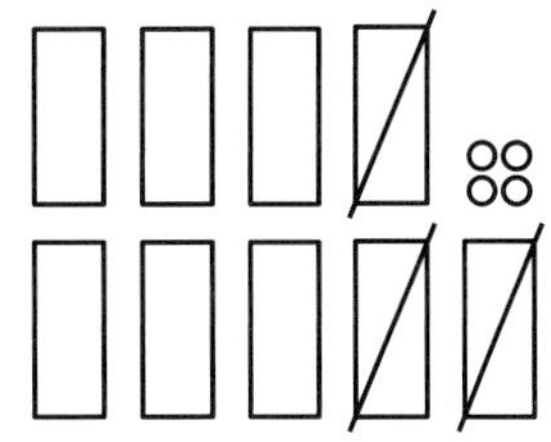	
39 ⊖ 10 ⊜ ☐☐	☐☐ ○ ☐☐ ○ ☐☐	☐☐ ○ ☐☐ ○ ☐☐	
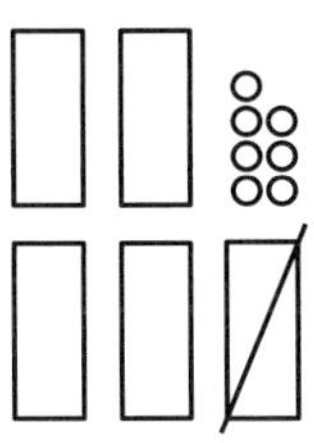	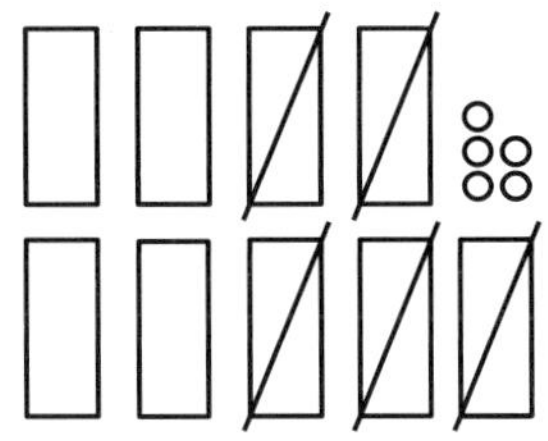	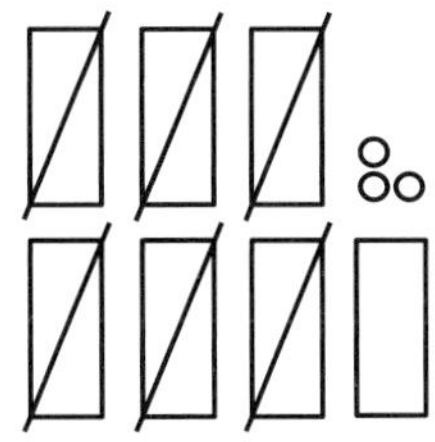	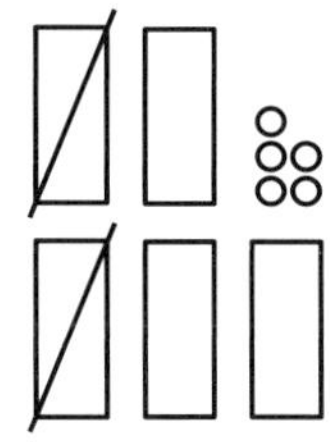
☐☐ ○ ☐☐ ○ ☐☐	☐☐ ○ ☐☐ ○ ☐☐	☐☐ ○ ☐☐ ○ ☐☐	☐☐ ○ ☐☐ ○ ☐☐

Übung macht fit! Rechne.

42 − 10 = ☐☐	88 − 50 = ☐☐	87 − 30 = ☐☐	75 − 20 = ☐☐
39 − 20 = ☐☐	59 − 40 = ☐☐	31 − 20 = ☐☐	56 − 30 = ☐☐
98 − 40 = ☐☐	97 − 80 = ☐☐	97 − 40 = ☐☐	85 − 40 = ☐☐
92 − 10 = ☐☐	55 − 40 = ☐☐	77 − 30 = ☐☐	53 − 10 = ☐☐
63 − 30 = ☐☐	82 − 20 = ☐☐	99 − 80 = ☐☐	66 − 60 = ☐☐

Finde eine passende Rechnung mit ZE ⊖ Z!

94 − 30 = 64	☐☐ − ☐☐ = 28	☐☐ − ☐☐ = 43	☐☐ − ☐☐ = 23
☐☐ − ☐☐ = 76	☐☐ − ☐☐ = 19	☐☐ − ☐☐ = 51	☐☐ − ☐☐ = 41
☐☐ − ☐☐ = 35	☐☐ − ☐☐ = 46	☐☐ − ☐☐ = 66	☐☐ − ☐☐ = 63
☐☐ − ☐☐ = 16	☐☐ − ☐☐ = 71	☐☐ − ☐☐ = 74	☐☐ − ☐☐ = 56
☐☐ − ☐☐ = 7	☐☐ − ☐☐ = 82	☐☐ − ☐☐ = 29	☐☐ − ☐☐ = 49

Achte auf ⊕ und ⊖! Rechne.

43 − 10 = ☐☐	22 + 40 = ☐☐	55 + 20 = ☐☐	25 − 10 = ☐☐
53 + 10 = ☐☐	46 + 40 = ☐☐	96 − 30 = ☐☐	67 − 20 = ☐☐

Schau genau und male richtig!

43 + 30 = ☐☐	43 − 20 = ☐☐	34 − 30 = ☐☐	27 + 20 = ☐☐
48 − 40 = ☐☐	67 + 30 = ☐☐	78 − 40 = ☐☐	87 + 10 = ☐☐

Kistter/Schneider: Rechnen ohne Stolperstein, Band 3A. Illustrationen: Kristina Klotz

Wie heiβt die Rechnung?

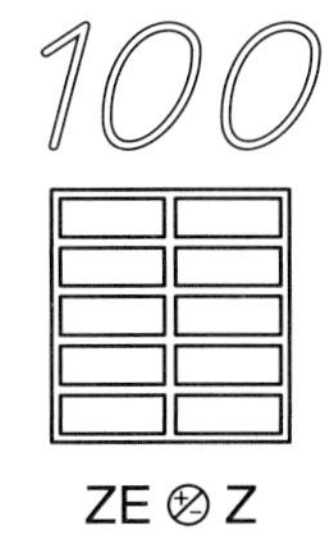

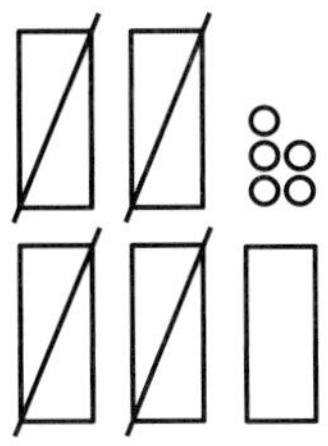	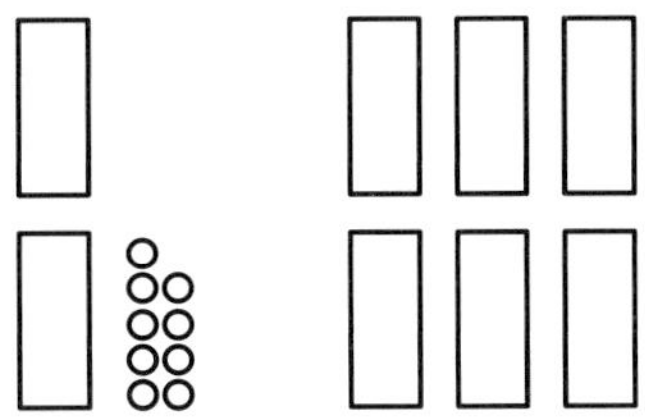	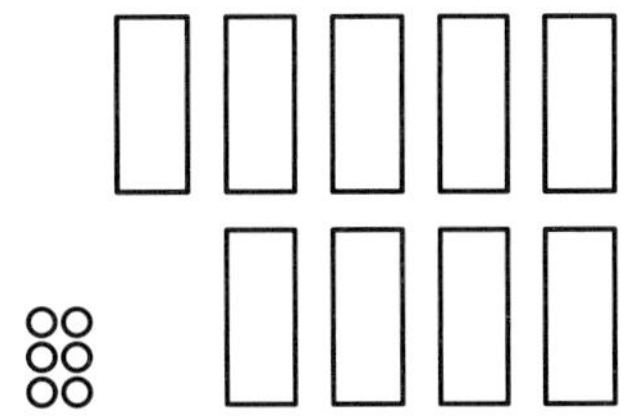
55 ⊖ 40 ⊜ □□	□□ ○ □□ ○ □□	□□ ○ □□ ○ □□

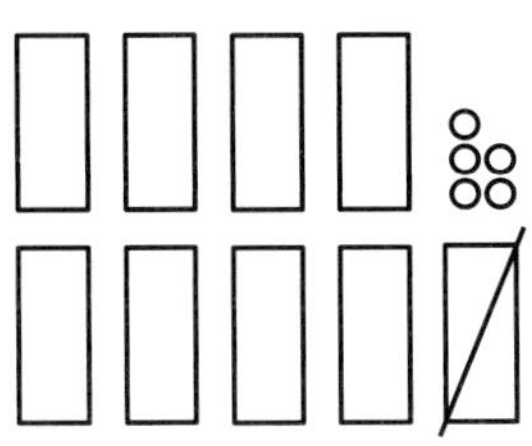	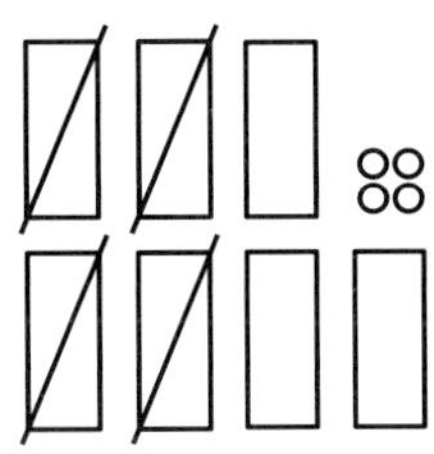	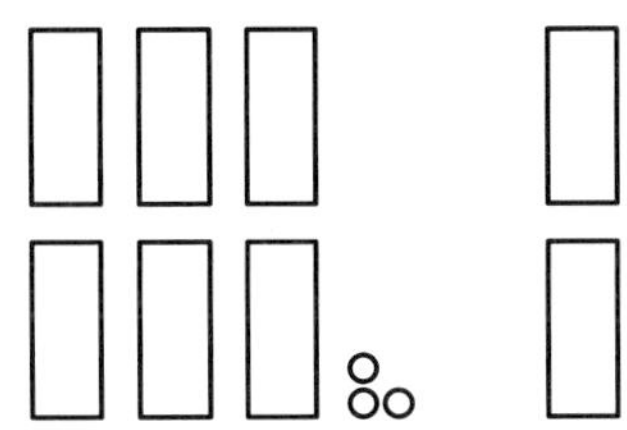	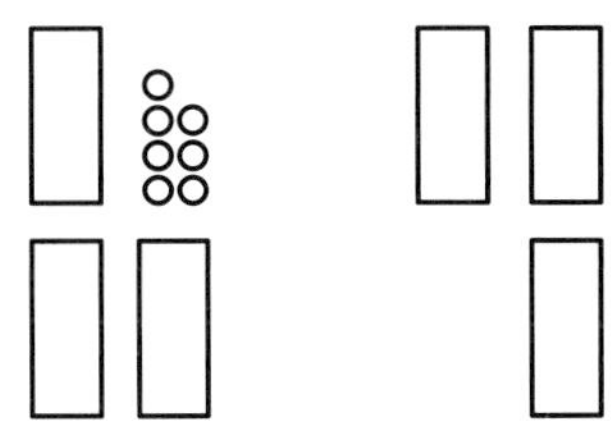
□□ ○ □□ ○ □□	□□ ○ □□ ○ □□	□□ ○ □□ ○ □□	□□ ○ □□ ○ □□

Überlege genau!

88 − 80 = □□	75 + 20 = □□	79 + 10 = □□	19 − 7 = □□
9 + 4 = □□	13 − 5 = □□	12 − 7 = □□	49 + 40 = □□
17 − 7 = □□	14 + 60 = □□	93 − 40 = □□	99 + 0 = □□
55 − 30 = □□	61 + 10 = □□	68 + 30 = □□	78 + 10 = □□
80 + 10 = □□	98 − 60 = □□	69 − 50 = □□	99 − 90 = □□

Was passiert: ⊕ oder ⊖?

95 ○ 20 = 75	11 ○ 2 = 9	39 ○ 30 = 9	26 ○ 50 = 76
12 ○ 6 = 6	97 ○ 60 = 37	28 ○ 40 = 68	85 ○ 70 = 15
77 ○ 60 = 17	77 ○ 10 = 87	92 ○ 70 = 22	54 ○ 20 = 74
89 ○ 10 = 99	9 ○ 2 = 11	63 ○ 10 = 73	66 ○ 10 = 76

Das ist nicht schwer!

100

ZE ⊘ Z

14 − 5 = ☐☐	39 + 20 = ☐☐	64 + 20 = ☐☐	
24 + 30 = ☐☐	5 + 9 = ☐☐	96 − 40 = ☐☐	
66 − 20 = ☐☐	71 − 40 = ☐☐	18 − 9 = ☐☐	
57 − 20 = ☐☐	72 + 10 = ☐☐	47 + 20 = ☐☐	8 + 3 = ☐☐
31 + 40 = ☐☐	49 − 20 = ☐☐	51 − 30 = ☐☐	12 + 80 = ☐☐

Für Spürnasen: Rechne zuerst, finde dann eine passende Aufgabe!

35 + 20 = ☐☐	11 + 40 = ☐☐		99 − 80 = ☐☐
95 − 40 = ☐☐	22 + 30 = ☐☐		88 − 70 = ☐☐
15 + 40 = ☐☐	33 + 20 = ☐☐		77 − 60 = ☐☐
☐☐ ○ ☐☐ ○ ☐☐	☐☐ ○ ☐☐ ○ ☐☐		☐☐ ○ ☐☐ ○ ☐☐

Suche alle Aufgaben und rechne!

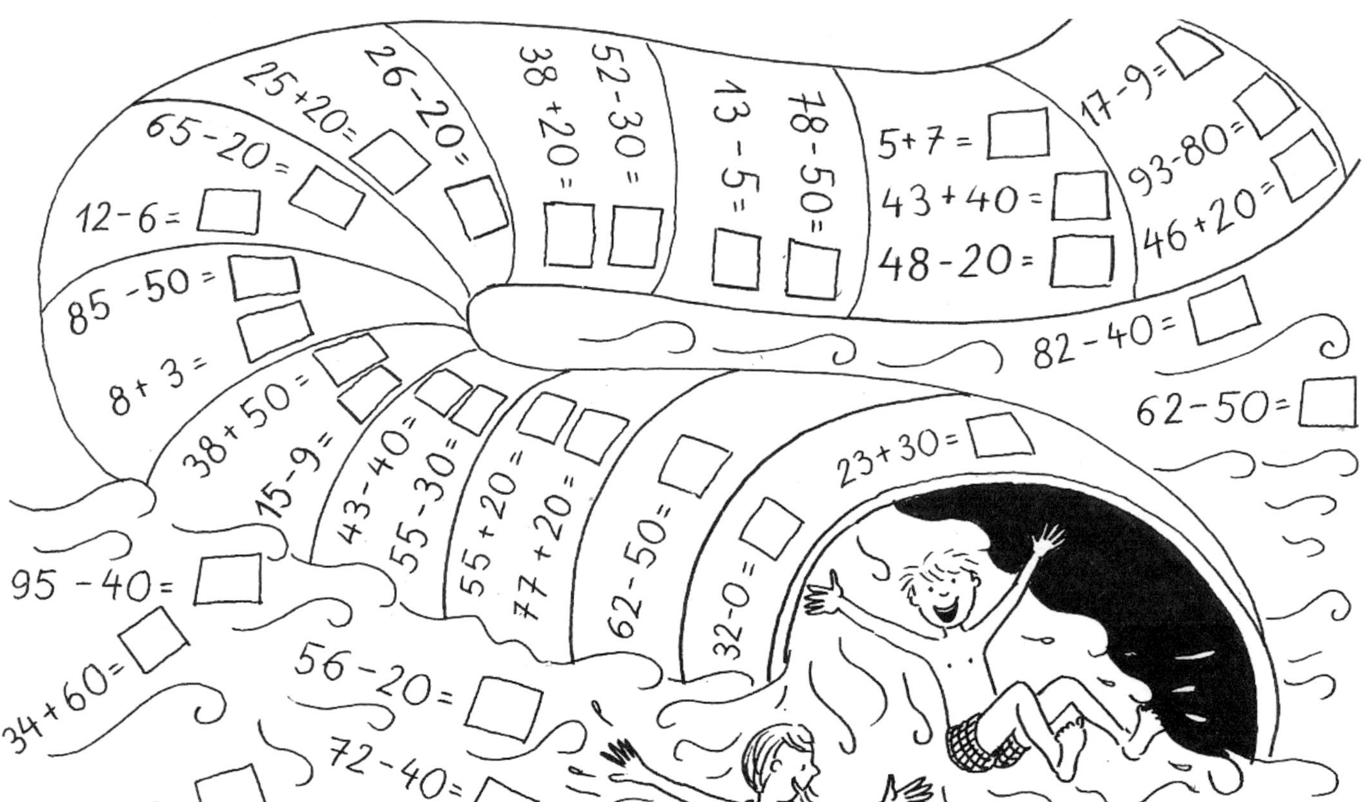

Kistler / Schneider: Rechnen ohne Stolperstein, Band 3A. Illustrationen: Kristina Klotz

Tauschaufgaben

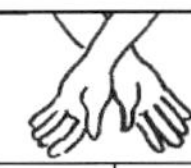

10 ⊕ 23 ⊜ ☐☐

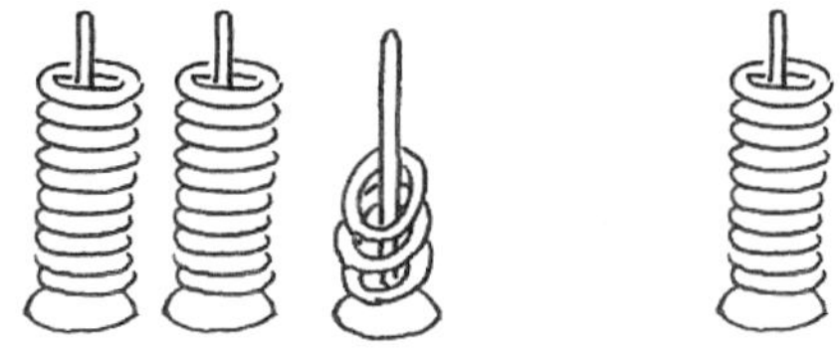

23 ⊕ 10 ⊜ ☐☐

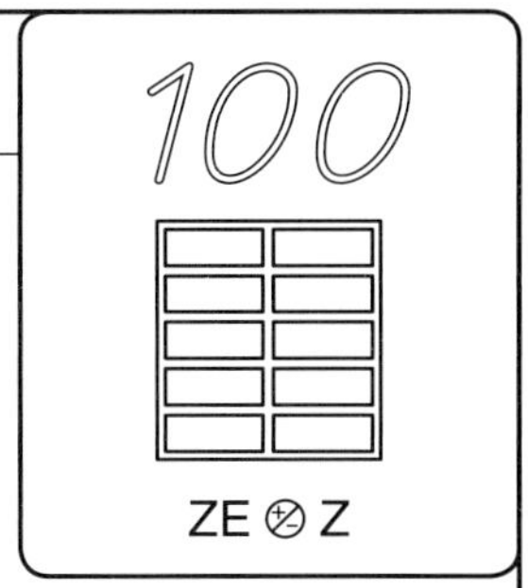

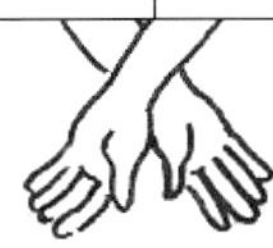

40 ⊕ 34 ⊜ ☐☐	☐☐ ⊕ ☐☐ ⊜ ☐☐
59 ⊕ 20 ⊜ ☐☐	☐☐ ○ ☐☐ ○ ☐☐
80 ⊕ 17 ⊜ ☐☐	☐☐ ○ ☐☐ ○ ☐☐
30 ⊕ 56 ⊜ ☐☐	☐☐ ○ ☐☐ ○ ☐☐
28 ⊕ 60 ⊜ ☐☐	☐☐ ○ ☐☐ ○ ☐☐
50 ⊕ 33 ⊜ ☐☐	☐☐ ○ ☐☐ ○ ☐☐
70 ⊕ 19 ⊜ ☐☐	☐☐ ○ ☐☐ ○ ☐☐

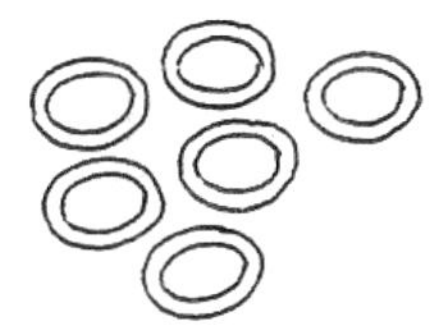

Umkehraufgaben

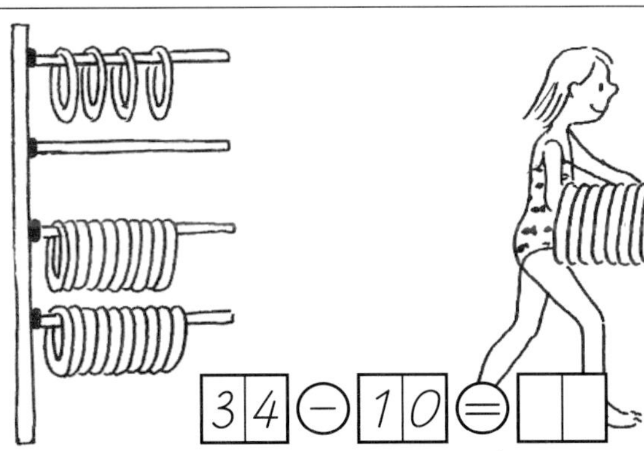

34 ⊖ 10 ⊜ ☐☐

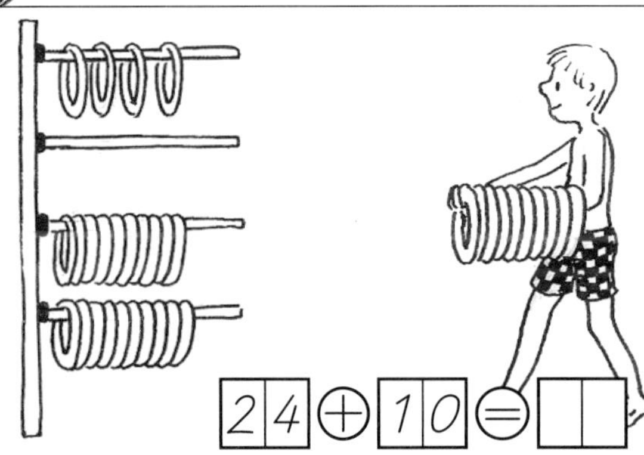

24 ⊕ 10 ⊜ ☐☐

77 ⊖ 60 ⊜ ☐☐	☐☐ ⊕ ☐☐ ⊜ ☐☐
95 ⊖ 20 ⊜ ☐☐	☐☐ ○ ☐☐ ○ ☐☐
55 ⊖ 30 ⊜ ☐☐	☐☐ ○ ☐☐ ○ ☐☐
76 ⊖ 40 ⊜ ☐☐	☐☐ ○ ☐☐ ○ ☐☐
42 ⊖ 30 ⊜ ☐☐	☐☐ ○ ☐☐ ○ ☐☐
88 ⊖ 80 ⊜ ☐☐	☐☐ ○ ☐☐ ○ ☐☐

Rechengeschichten

100

ZE ⊘ Z

Im Schwimmbad sind 65 Kinder. Die Klasse 2b muss sich leider anziehen. 20 Kinder gehen in die Kabine.
Wie viele Kinder sind noch im Schwimmbad?

Wir rechnen: ☐☐ ○ ☐☐ ○ ☐☐

Wir antworten: ______________________________

Die Bademeisterin hat Bademützen zum Ausleihen.
In der einen Schublade sind 63 Mützen, in der anderen Schublade sind 30 Mützen.
Wie viele Bademützen können bei ihr ausgeliehen werden?

Wir rechnen: ☐☐ ○ ☐☐ ○ ☐☐

Wir antworten: ______________________________

Im Becken waren 79 Ringe versenkt. Die Kinder sind getaucht und haben schon 30 Ringe wieder hochgeholt.
Wie viele Ringe liegen noch im Schwimmbecken?

Wir rechnen: ☐☐ ○ ☐☐ ○ ☐☐

Wir antworten: ______________________________

Im tiefen Becken schwimmen 35 Kinder.
Im Nichtschwimmerbecken üben 20 Kinder das Schwimmen.
Wie viele Kinder sind im Wasser?

Wir rechnen: ☐☐ ○ ☐☐ ○ ☐☐

Wir antworten: ______________________________

56 Schulkinder sind im Schwimmbad.
Davon können 40 Kinder schon schwimmen.
Wie viele Schulkinder können noch nicht schwimmen?

Wir rechnen: ☐☐ ○ ☐☐ ○ ☐☐

Wir antworten: ______________________________

Aus den 2. Klassen haben 25 Kinder letzte Woche das Seepferdchen geschafft. Heute schaffen es weitere 10 Kinder.
Wie viele Kinder haben nun das Seepferdchen?

Wir rechnen: ☐☐ ○ ☐☐ ○ ☐☐

Wir antworten: ______________________________

Kistler/Schneider: Rechnen ohne Stolperstein, Band 3A. Illustrationen: Kristina Klotz

Rechengeschichten

100

ZE ⊘ Z

Dorle ist schon 25 Meter auf dem Rücken geschwommen.
Sie will noch 30 Meter kraulen.
Wie viele Meter wäre sie dann geschwommen?

Wir rechnen: ☐☐ ○ ☐☐ ○ ☐☐

Wir antworten: ______________________________

Klara kann 45 Sekunden tauchen.
Matthias kommt 20 Sekunden früher nach oben.
Wie viele Sekunden kann Matthias tauchen?

Wir rechnen: ☐☐ ○ ☐☐ ○ ☐☐

Wir antworten: ______________________________

Ich denke mir eine Zahl:
Die Zahl ist
um 20 kleiner als 83.

☐☐ ○ ☐☐ ○ ☐☐

Wir antworten: ______________________________

Ich denke mir eine Zahl:
Wenn ich zu dieser Zahl 30 dazurechne,
kommt 69 heraus.

☐☐ ○ ☐☐ ○ ☐☐

Wir antworten: ______________________________

Ich denke mir eine Zahl:
Sie ist um 20 kleiner als 63.
Sie ist um 40 größer als 3.

☐☐ ○ ☐☐ ○ ☐☐

Wir antworten: ______________________________

Ich denke mir eine Zahl:
Sie ist um 20 größer als 32
und um 10 kleiner als 62.

☐☐ ○ ☐☐ ○ ☐☐

Wir antworten: ______________________________

Zerlege die Zehner!

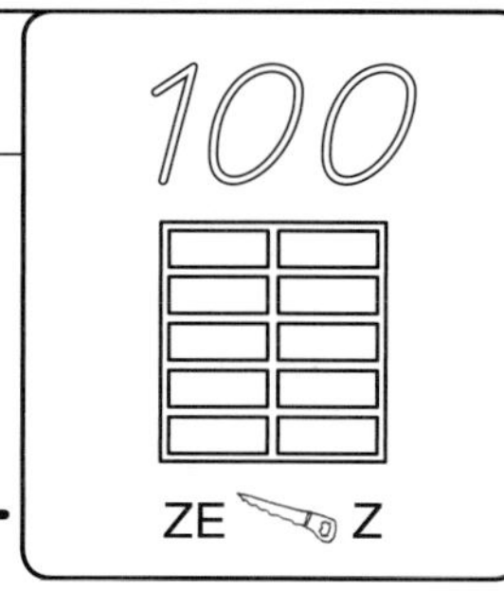

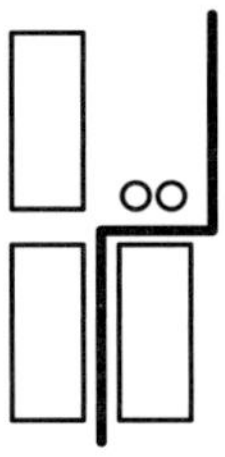	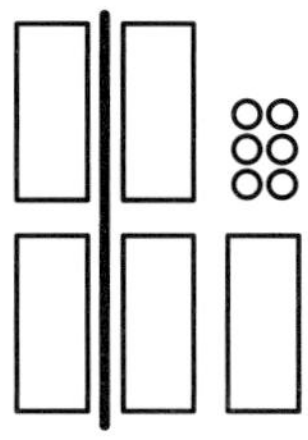	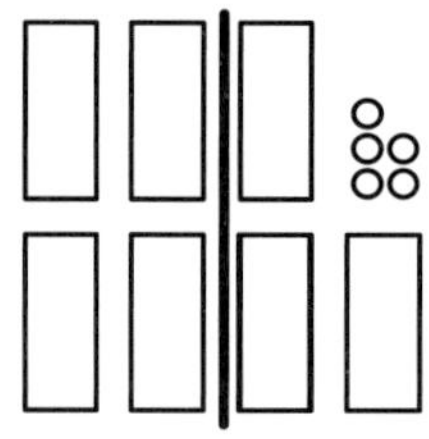	
32 = 22 + ▢▢	56 = 36 + ▢▢	75 = 35 + ▢▢	25 = 15 + ▢▢
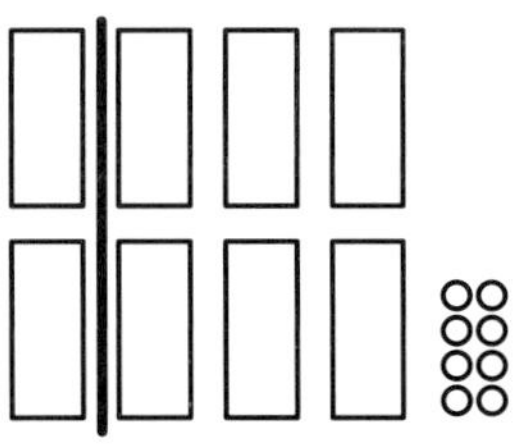	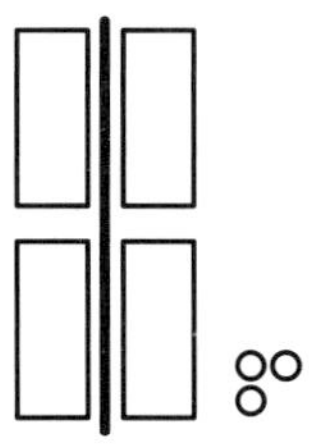	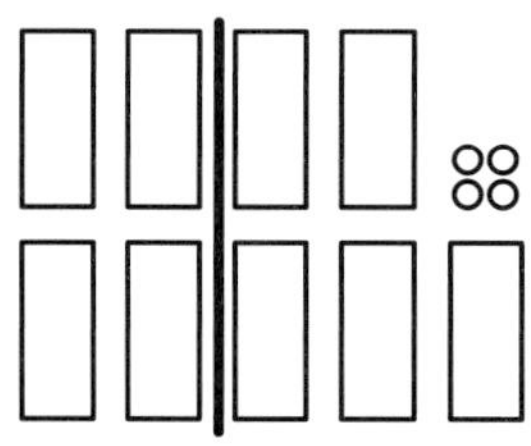	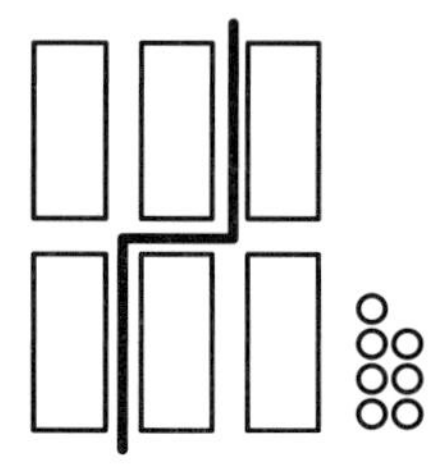
88 = 68 + ▢▢	43 = 23 + ▢▢	94 = 54 + ▢▢	67 = 37 + ▢▢

Zerlege richtig!

42 = 32 + ▢▢	54 = 24 + ▢▢	87 = 57 + ▢▢	15 = 4 + ▢▢
39 = 19 + ▢▢	95 = 35 + ▢▢	11 = 0 + ▢▢	26 = 26 + ▢▢
28 = 8 + ▢▢	12 = 2 + ▢▢	97 = 47 + ▢▢	85 = 35 + ▢▢
92 = 22 + ▢▢	77 = 57 + ▢▢	77 = 37 + ▢▢	53 = 13 + ▢▢
63 = 43 + ▢▢	86 = 46 + ▢▢	9 = 1 + ▢▢	66 = 46 + ▢▢
74 = 14 + ▢▢	79 = 39 + ▢▢	88 = 28 + ▢▢	19 = 19 + ▢▢
13 = 3 + ▢▢	12 = 11 + ▢▢	9 = 9 + ▢▢	49 = 19 + ▢▢
14 = 3 + ▢▢	93 = 73 + ▢▢	17 = 9 + ▢▢	99 = 69 + ▢▢
61 = 21 + ▢▢	68 = 18 + ▢▢	55 = 45 + ▢▢	78 = 28 + ▢▢
98 = 88 + ▢▢	69 = 59 + ▢▢	82 = 72 + ▢▢	99 = 19 + ▢▢

Kistler/Schneider: Rechnen ohne Stolperstein, Band 3A. Illustrationen: Kristina Klotz

Was passiert? Achte auf die große Freundin!

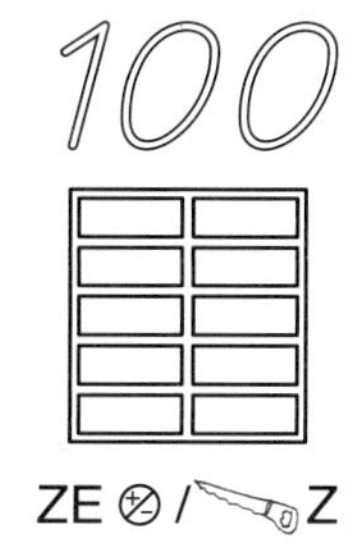

30 28 58		
☐☐ + 30 = ☐☐	☐☐ − 30 = ☐☐	☐☐ = ☐☐ + 30

96 50 46		
☐☐ + 50 = ☐☐	☐☐ − 50 = ☐☐	☐☐ = ☐☐ + 50

14 − 9 = ☐☐	72 − 50 = ☐☐	48 + ☐☐ = 48	65 + 20 = ☐☐
64 = 34 + ☐☐	12 = 1 + ☐☐	84 − 40 = ☐☐	35 = ☐☐ + 15
51 + 20 = ☐☐	73 + 10 = ☐☐	73 + ☐☐ = 83	50 + 20 = ☐☐

Lösungssatz: ☐☐ ☐☐☐☐☐☐ ☐☐☐☐☐ ☐☐☐☐☐☐☐!

21 + 30 = ☐☐	H 61	I 50	D 51	76 + ☐☐ = 86	R 16	K 20	P 10
74 − 40 = ☐☐	E 70	U 34	C 24	51 + 30 = ☐☐	L 54	E 81	D 21
26 = ☐☐ + 16	U 6	H 16	K 10	46 + 50 = ☐☐	C 86	I 41	R 96
38 + ☐☐ = 78	A 40	K 50	T 30	66 = ☐☐ + 26	C 36	R 40	H 30
78 − 50 = ☐☐	E 38	A 73	N 28	54 − 20 = ☐☐	T 74	E 34	G 52
48 − 20 = ☐☐	E 46	B 48	N 28	36 + ☐☐ = 66	C 30	K 20	U 40
34 + 20 = ☐☐	S 54	N 14	I 32	78 = 38 + ☐☐	N 30	T 50	H 40
17 + ☐☐ = 67	N 30	T 50	W 40	49 − 30 = ☐☐	Ö 79	N 19	E 46
44 = 34 + ☐☐	I 20	S 10	D 14	69 + 30 = ☐☐	N 39	R 66	E 99
34 + ☐☐ = 84	U 50	R 40	C 60	57 = 17 + ☐☐	E 30	N 40	S 50

Was ändert sich: Zehner oder Einer?

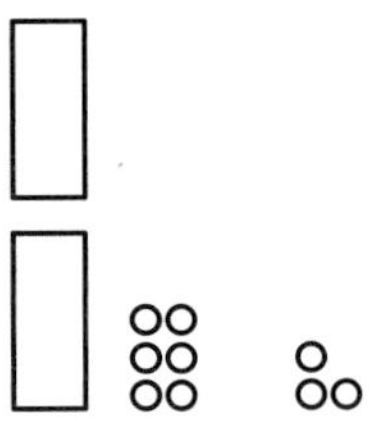

26 + 3 = ☐☐

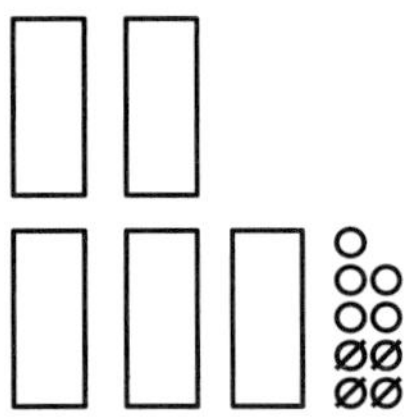

59 − 4 = ☐☐

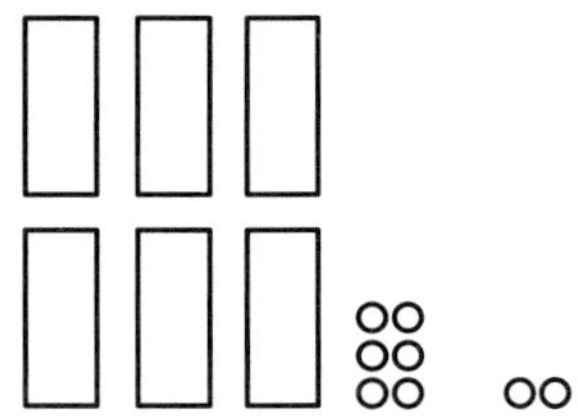

66 + 2 = ☐☐

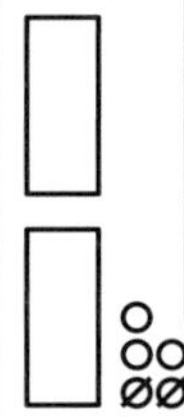

25 − 2 = ☐☐

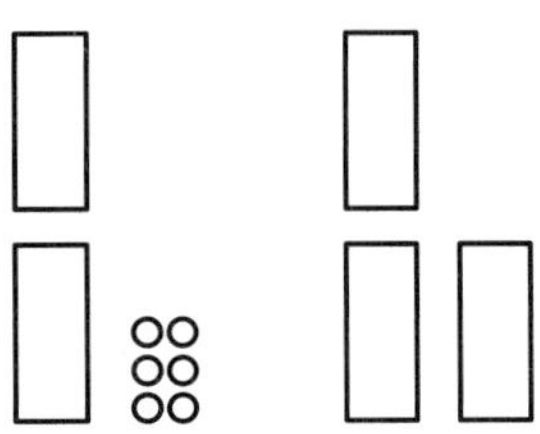

26 + 30 = ☐☐

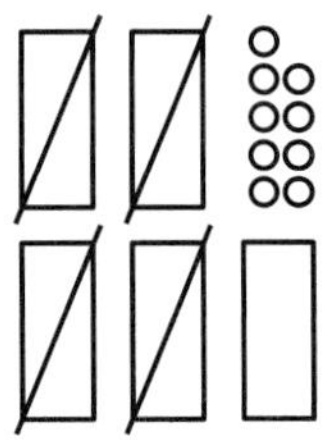

59 − 40 = ☐☐

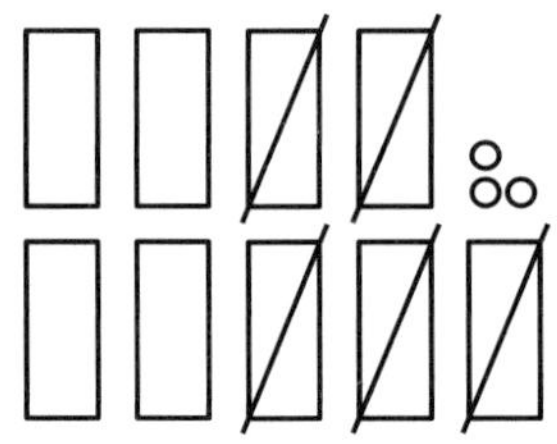

93 − 50 = ☐☐

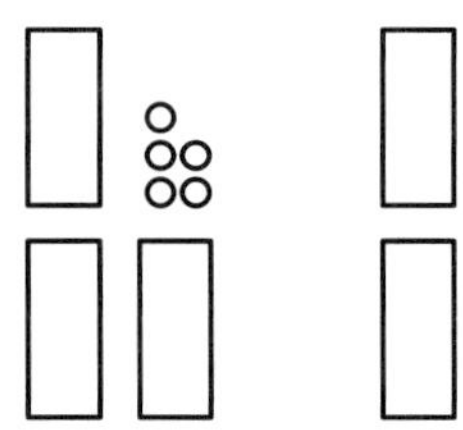

35 + 20 = ☐☐

Achte gut auf Zehner und Einer!

Male und schreibe in Rot und Blau!

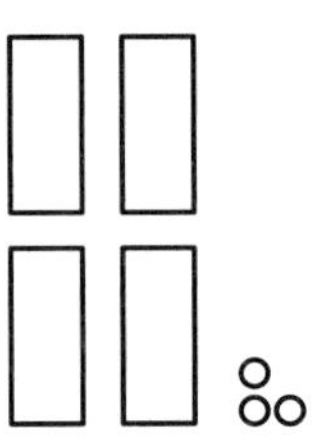

43 + 3 = ☐☐

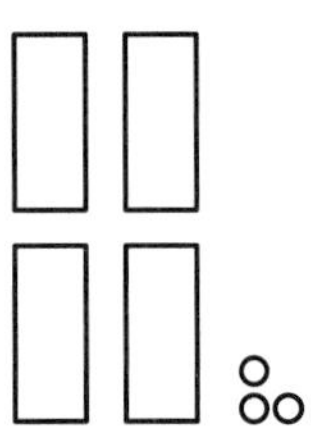

43 − 30 = ☐☐

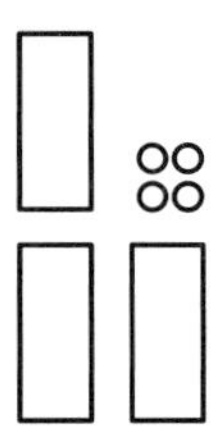

34 − 2 = ☐☐

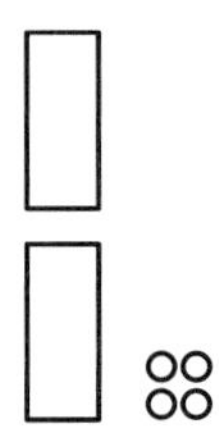

24 + 20 = ☐☐

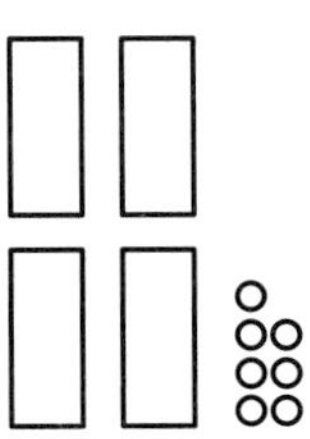

47 − 20 = ☐☐

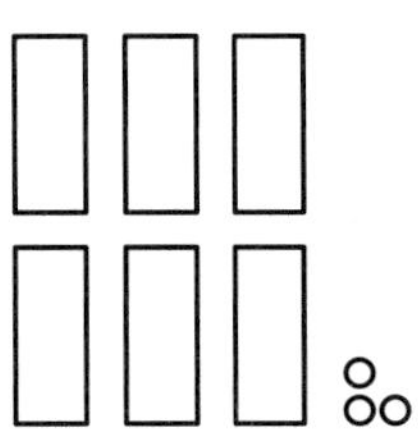

63 + 5 = ☐☐

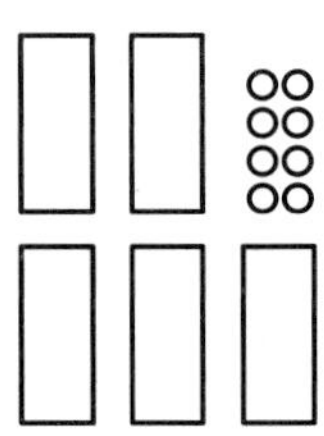

58 + 20 = ☐☐

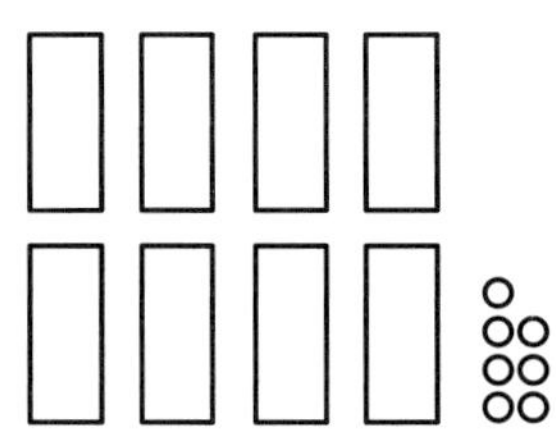

87 − 4 = ☐☐

Wie heißt die Rechnung?

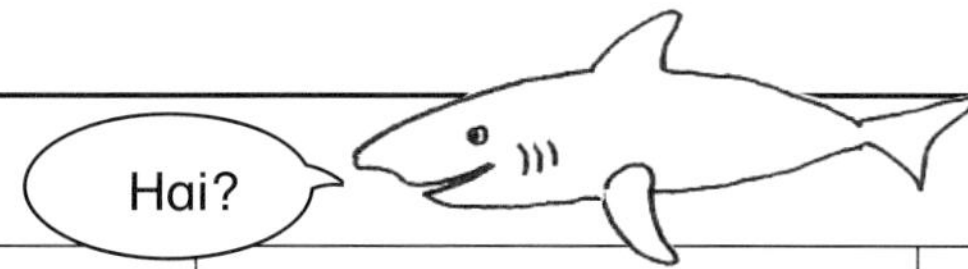

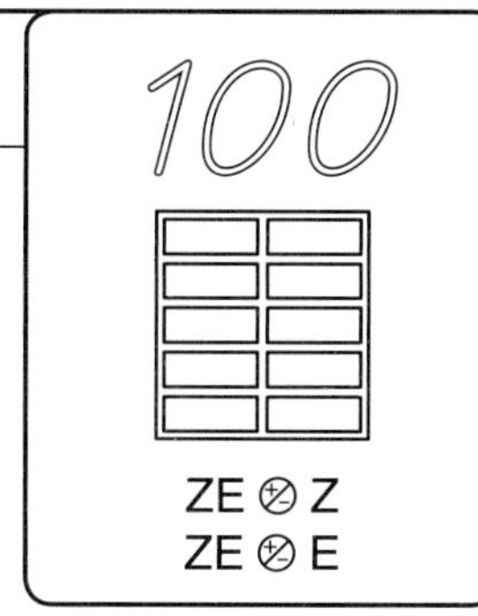

93 ⊖ 60 ⊜ ☐☐

☐☐ ○ ☐☐ ○ ☐☐

☐☐ ○ ☐☐ ○ ☐☐

☐☐ ○ ☐☐ ○ ☐☐

☐☐ ○ ☐☐ ○ ☐☐

☐☐ ○ ☐☐ ○ ☐☐

☐☐ ○ ☐☐ ○ ☐☐

Achte auf ⊕ und ⊖! Rechne.

65 − 3 = ☐☐	16 − 10 = ☐☐	52 + 30 = ☐☐	
33 + 5 = ☐☐	75 − 2 = ☐☐	87 − 6 = ☐☐	
23 + 50 = ☐☐	84 − 40 = ☐☐	46 + 3 = ☐☐	
91 − 20 = ☐☐	42 + 40 = ☐☐	48 + 50 = ☐☐	
93 + 4 = ☐☐	76 − 70 = ☐☐	46 − 6 = ☐☐	
66 − 3 = ☐☐	17 − 9 = ☐☐	53 + 20 = ☐☐	98 + 1 = ☐☐
34 + 4 = ☐☐	76 − 1 = ☐☐	88 − 5 = ☐☐	66 − 10 = ☐☐
24 + 40 = ☐☐	85 − 30 = ☐☐	47 + 2 = ☐☐	46 − 20 = ☐☐
92 − 20 = ☐☐	43 + 30 = ☐☐	49 + 40 = ☐☐	8 + 4 = ☐☐
94 + 3 = ☐☐	77 − 60 = ☐☐	47 − 5 = ☐☐	57 + 40 = ☐☐

Verbinde: Immer 2 Aufgaben haben das gleiche Ergebnis!

100

ZE ⊘ Z
ZE ⊘ E

32 + 3 =	61 + 3 =
54 + 10 =	33 + 10 =
45 − 30 =	39 − 4 =
48 − 5 =	9 + 6 =
28 + 20 =	90 + 3 =
96 − 3 =	58 − 3 =
85 − 30 =	64 + 2 =
26 + 40 =	68 − 20 =

47 − 40 =	83 − 30 =
53 + 5 =	59 − 2 =
51 + 6 =	39 + 40 =
43 + 10 =	12 − 5 =
73 + 6 =	96 − 20 =
79 − 3 =	78 − 20 =

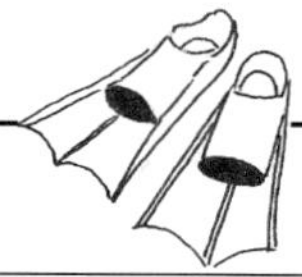

Kettenaufgaben: Das trainiert!

48
41 + 7 − 1 = ☐☐

☐☐
23 + 50 − 20 = ☐☐

☐☐
64 + 3 + 2 = ☐☐

☐☐
89 − 30 + 20 = ☐☐

☐☐
37 + 40 − 0 = ☐☐

☐☐
52 + 4 − 3 = ☐☐

☐☐
51 + 10 − 10 = ☐☐

☐☐
91 + 4 − 1 = ☐☐

☐☐
43 + 20 − 30 = ☐☐

☐☐ ☐☐
12 + 10 + 40 + 20 = ☐☐

☐☐ ☐☐
54 − 10 − 30 − 10 = ☐☐

☐☐ ☐☐
64 + 2 + 0 + 3 = ☐☐

☐☐ ☐☐
72 − 30 + 40 − 10 = ☐☐

☐☐ ☐☐
63 − 2 + 5 − 4 = ☐☐

☐☐ ☐☐
49 + 40 − 20 − 10 = ☐☐

Kistler/Schneider: Rechnen ohne Stolperstein, Band 3A. Illustrationen: Kristina Klotz

Schreibwaren: Zehner und Einer ändern sich!

100

ZE ⊕ ZE

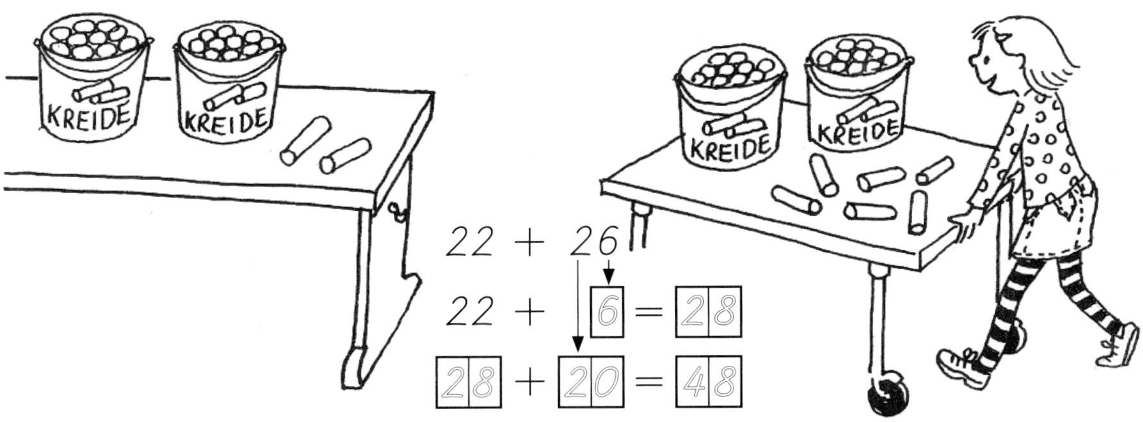

22 + 26
22 + 6 = 28
28 + 20 = 48

34 + 42
34 + □ = □□
□□ + □□ = □□

57 + 12
57 + □ = □□
□□ + □□ = □□

61 + 27
61 + □ = □□
□□ + □□ = □□

44 + 45
44 + □ = □□
□□ + □□ = □□

Male und rechne!

82 + 16
82 + □ = □□
□□ + □□ = □□

76 + 21
76 + □ = □□
□□ + □□ = □□

13 + 74
13 + □ = □□
□□ + □□ = □□

52 + 47
52 + □ = □□
□□ + □□ = □□

26 + 73
26 + □ = □□
□□ + □□ = □□

31 + 51
31 + □ = □□
□□ + □□ = □□

66 + 33
66 + □ = □□
□□ + □□ = □□

73 + 15
73 + □ = □□
□□ + □□ = □□

Achte auf Zehner und Einer!

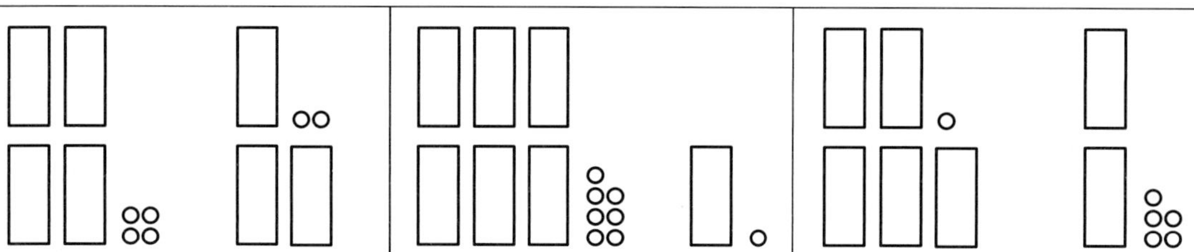

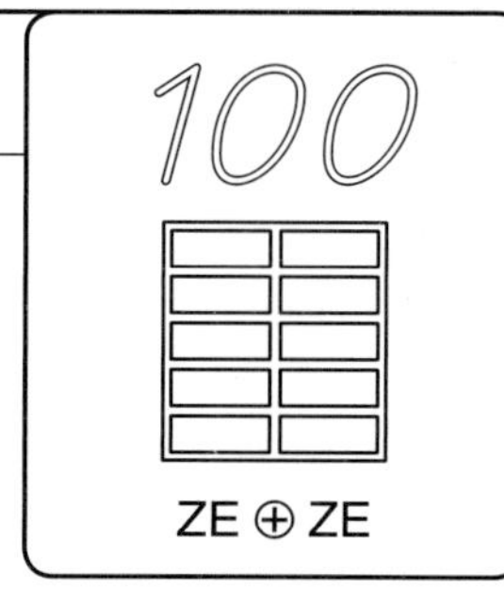

44 + 32	67 + 11	51 + 25	
33 + 51	65 + 23	43 + 44	87 + 11
81 + 17	47 + 12	77 + 22	23 + 55

Rechne in zwei Schritten!

44 + 53	86 + 10	36 + 43	10 + 49
29 + 30	34 + 33	41 + 27	41 + 31
47 + 51	61 + 38	21 + 62	63 + 23
72 + 11	52 + 22	56 + 21	24 + 42

Kistler/Schneider: Rechnen ohne Stolperstein, Band 3A. Illustrationen: Kristina Klotz

Jetzt ohne Zwischenschritt!

100

ZE ⊕ ZE

26 + 13 = ☐☐

42 + 31 = ☐☐

76 + 12 = ☐☐

61 + 21 = ☐☐

34 + 45 = ☐☐

12 + 52 = ☐☐

45 + 32 = ☐☐

Wie heiβt die Rechnung?

53 ⊕ 36 ⊜ ☐☐

☐☐ ○ ☐☐ ○ ☐☐

☐☐ ○ ☐☐ ○ ☐☐

☐☐ ○ ☐☐ ○ ☐☐

☐☐ ○ ☐☐ ○ ☐☐

☐☐ ○ ☐☐ ○ ☐☐

☐☐ ○ ☐☐ ○ ☐☐

☐☐ ○ ☐☐ ○ ☐☐

Kistler/Schneider: Rechnen ohne Stolperstein, Band 3A. Illustrationen: Kristina Klotz

Augen auf!

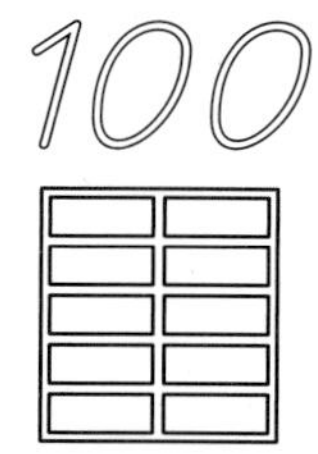

ZE ⊕ ZE

34 + 55 = ☐	48 + 11 = ☐	58 + 41 = ☐	
65 + 22 = ☐	8 + 9 = ☐	85 + 10 = ☐	
43 + 43 = ☐	77 + 21 = ☐	35 + 44 = ☐	
87 + 12 = ☐	23 + 54 = ☐	10 + 79 = ☐	54 + 35 = ☐
81 + 18 = ☐	43 + 54 = ☐	46 + 23 = ☐	32 + 67 = ☐
86 + 12 = ☐	92 + 6 = ☐	7 + 6 = ☐	21 + 78 = ☐
33 + 33 = ☐	14 + 83 = ☐	20 + 79 = ☐	63 + 34 = ☐
46 + 51 = ☐	74 + 24 = ☐	55 + 44 = ☐	15 + 62 = ☐
60 + 38 = ☐	40 + 31 = ☐	62 + 23 = ☐	71 + 27 = ☐
18 + 41 = ☐	37 + 32 = ☐	72 + 27 = ☐	56 + 32 = ☐

Das schaffst du! Rechne.

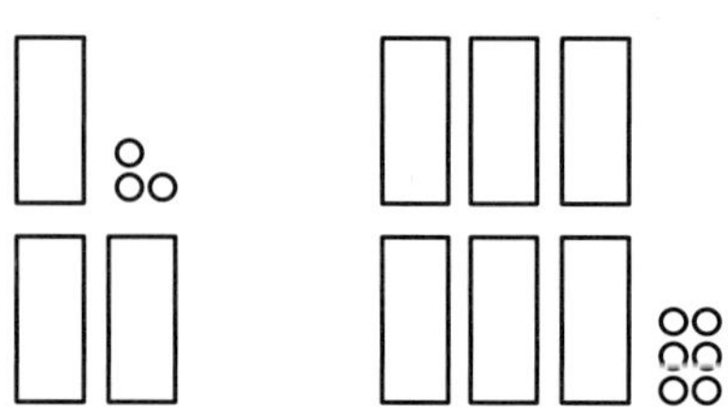

33 + 66 = ☐

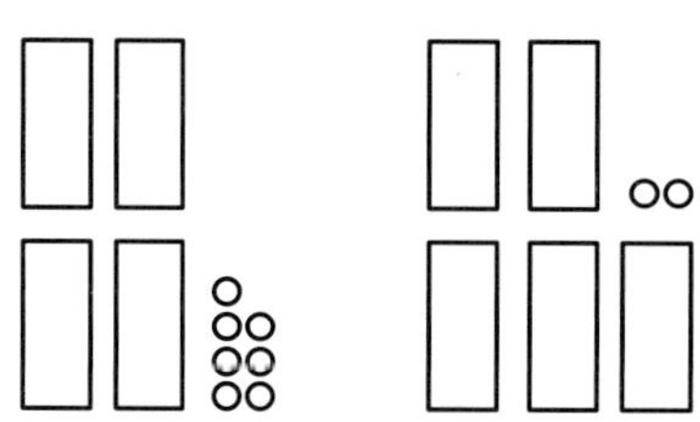

47 + 52 = ☐

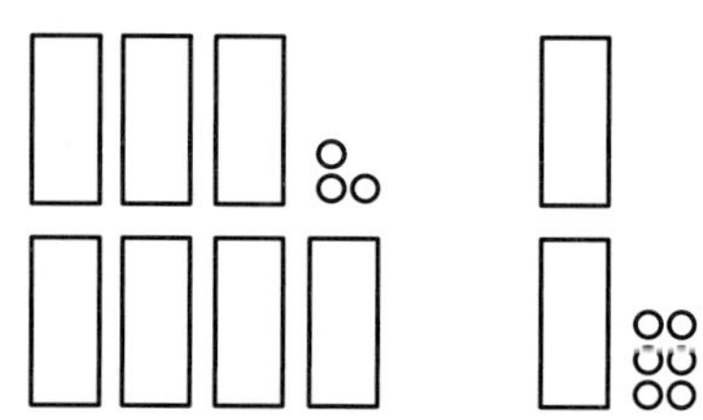

73 + 26 = ☐

67 + 22 = ☐	51 + 38 = ☐	25 + 24 = ☐	62 + 36 = ☐	54 + 34 = ☐
71 + 18 = ☐	75 + 24 = ☐	42 + 21 = ☐	55 + 3 = ☐	72 + 17 = ☐
35 + 53 = ☐	91 + 8 = ☐	33 + 44 = ☐	27 + 62 = ☐	23 + 23 = ☐
41 + 38 = ☐	21 + 48 = ☐	16 + 72 = ☐	11 + 58 = ☐	36 + 31 = ☐
53 + 21 = ☐	12 + 82 = ☐	56 + 23 = ☐	74 + 15 = ☐	45 + 13 = ☐
84 + 13 = ☐	63 + 16 = ☐	32 + 17 = ☐	24 + 32 = ☐	88 + 11 = ☐

Kistler/Schneider: Rechnen ohne Stolperstein, Band 3A. Illustrationen: Kristina Klotz

Tauschaufgaben

100

ZE ⊕ ZE

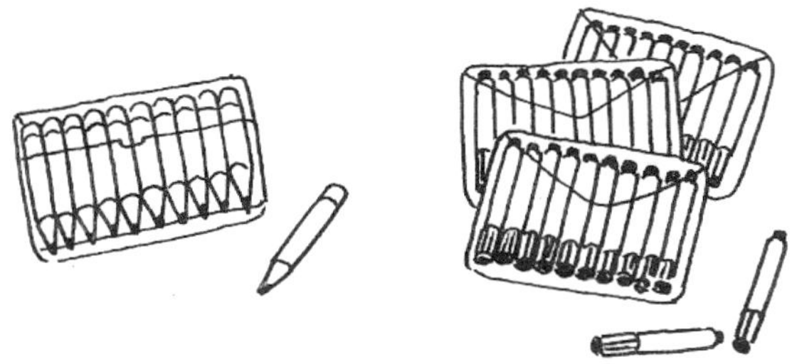

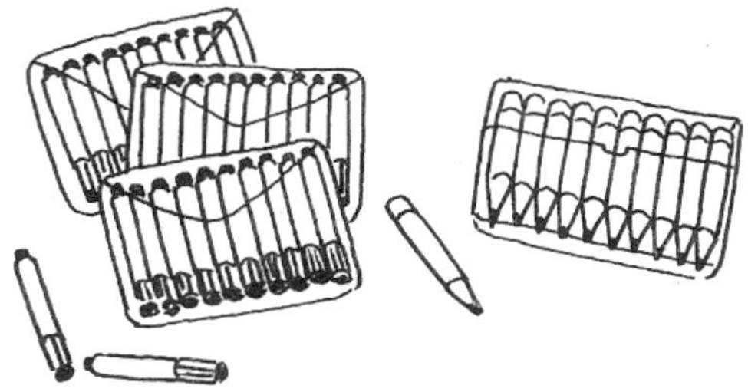

11 + 32 = ☐   32 + 11 = ☐

21 + 77 = ☐	☐ + ☐ = ☐
42 + 52 = ☐	☐ ○ ☐ ○ ☐
16 + 83 = ☐	☐ ○ ☐ ○ ☐
33 + 55 = ☐	☐ ○ ☐ ○ ☐
26 + 21 = ☐	☐ ○ ☐ ○ ☐
72 + 17 = ☐	☐ ○ ☐ ○ ☐

Rechne die Aufgaben!

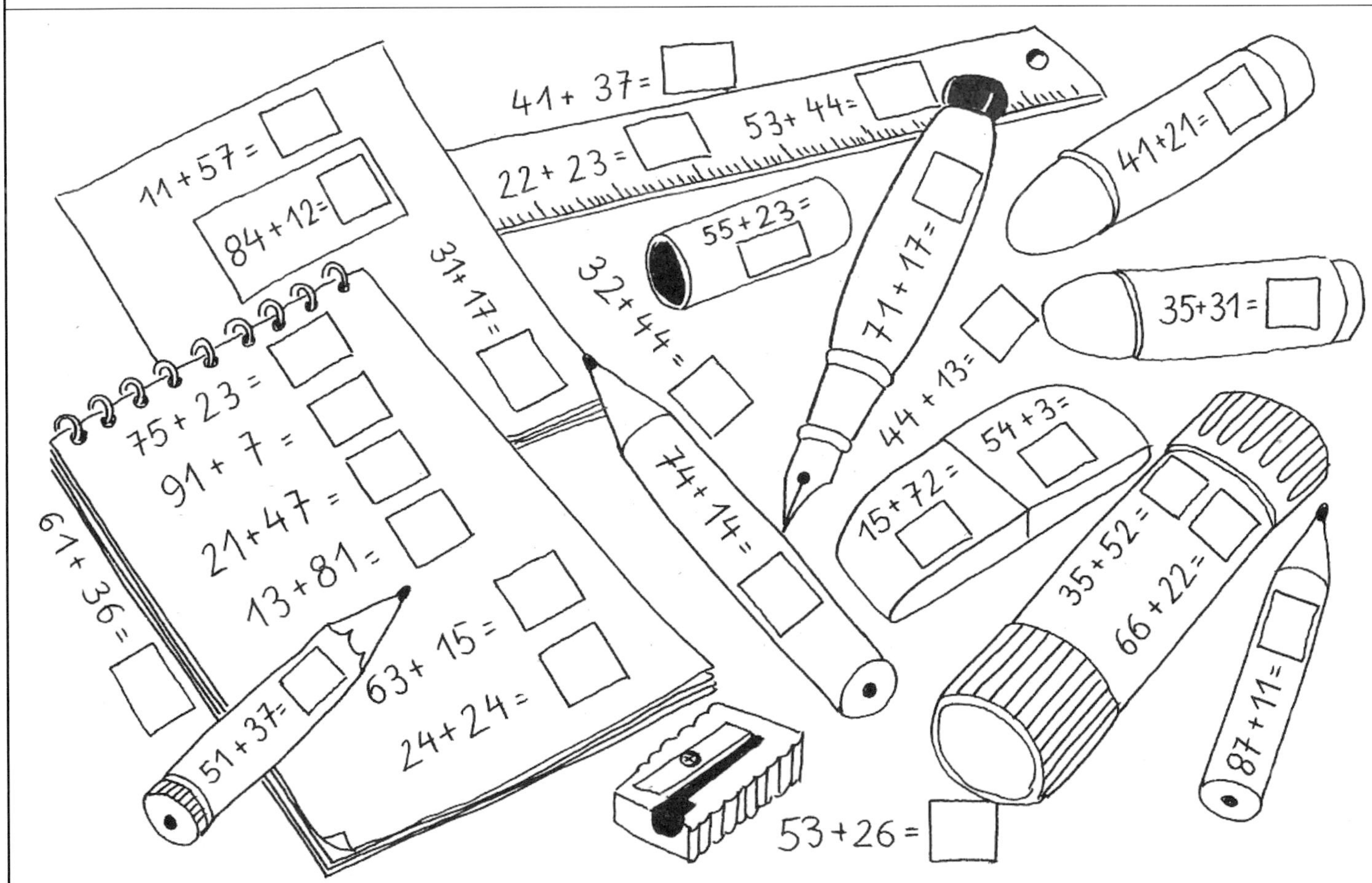

Für fixe Rechenkinder!

100

ZE ⊕ ZE

11 + 3 =	67 + 21 =	53 + 44 =	66 + 31 =
72 + 12 =	72 + 17 =	47 + 21 =	54 + 11 =
46 + 12 =	35 + 53 =	56 + 32 =	26 + 51 =
46 + 31 =	42 + 37 =	33 + 31 =	35 + 42 =
32 + 22 =	53 + 25 =	44 + 43 =	73 + 6 =
61 + 27 =	85 + 13 =	84 + 12 =	24 + 32 =

52 + 37 =	25 + 34 =	81 + 11 =	42 + 51 =	51 + 37 =
75 + 11 =	43 + 21 =	44 + 15 =	52 + 13 =	76 + 23 =
62 + 7 =	37 + 41 =	37 + 52 =	24 + 23 =	83 + 16 =
27 + 31 =	14 + 72 =	41 + 41 =	31 + 47 =	12 + 47 =
15 + 32 =	54 + 31 =	56 + 12 =	71 + 21 =	13 + 72 =
64 + 14 =	65 + 31 =	82 + 14 =	21 + 32 =	64 + 25 =

Rechensterne

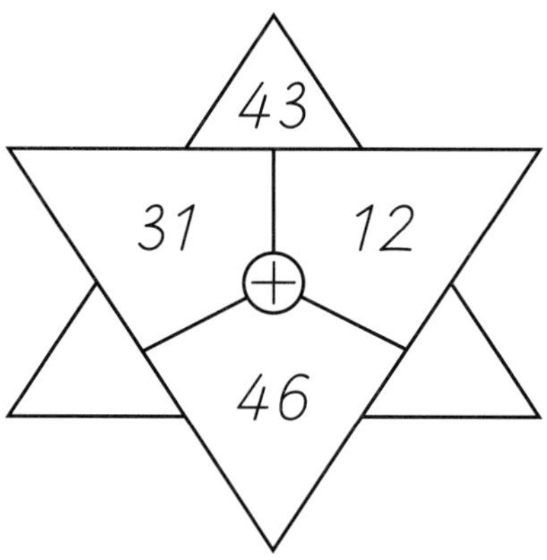

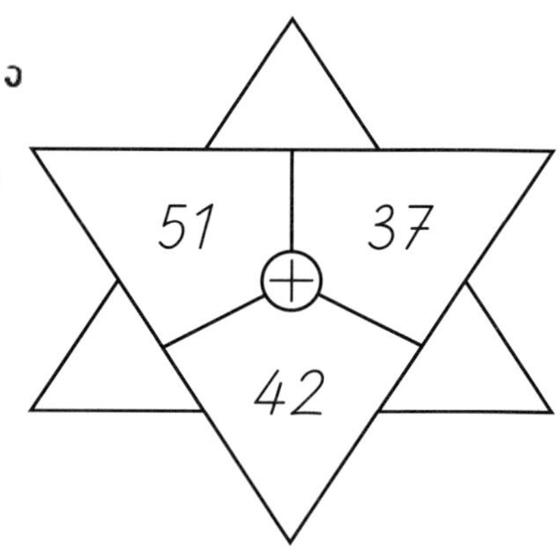

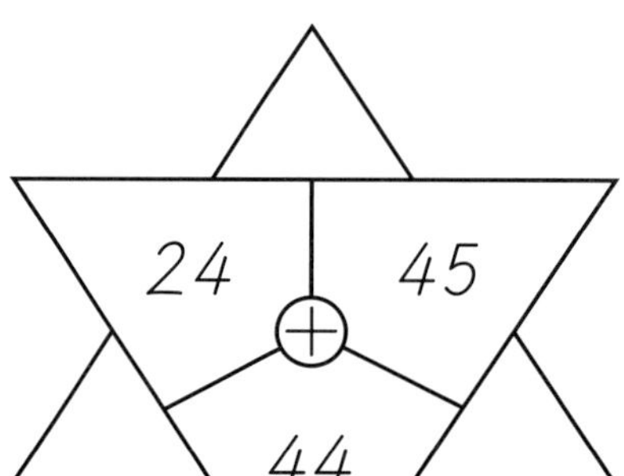

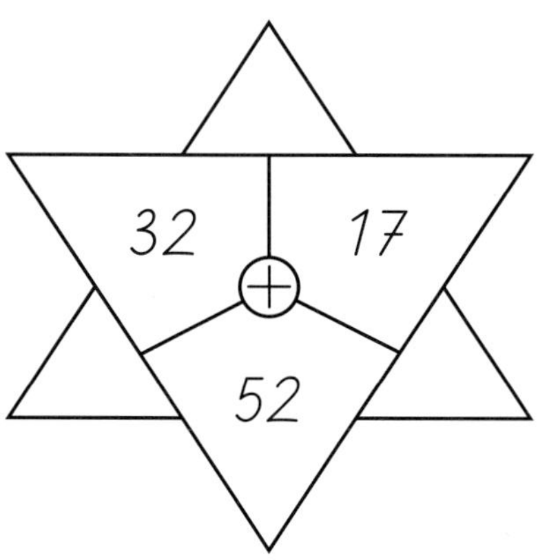

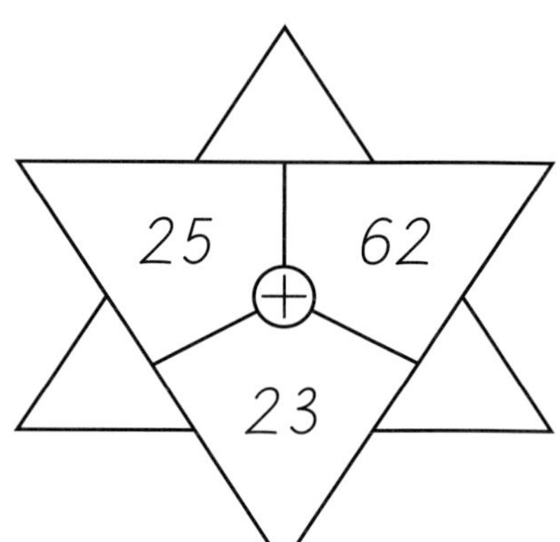

⊕ Plusaufgaben kannst du auch so aufschreiben:

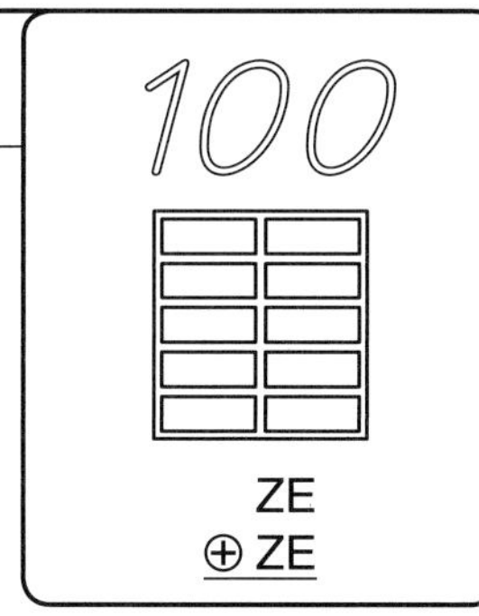

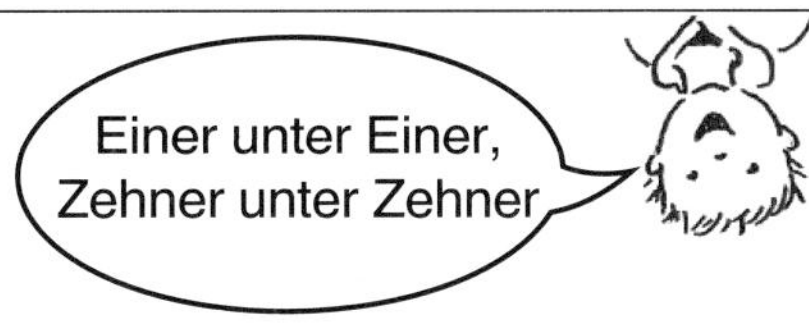

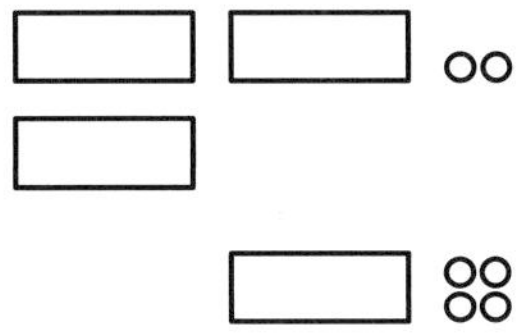

	Zehner	Einer
	3	2
⊕	1	4
⊜	4	6

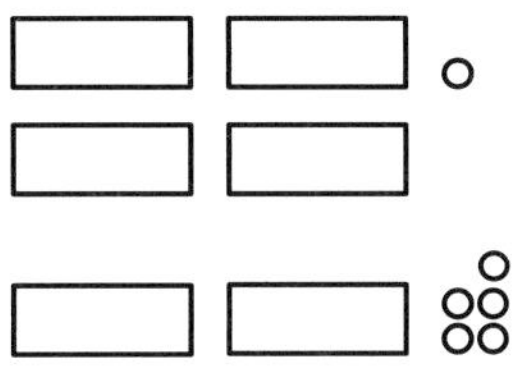

	Zehner	Einer
	4	1
⊕	2	5
⊜		

Übe weiter und lege mit Plättchen!

	Zehner	Einer
	3	2
⊕	1	5
		7

	Zehner	Einer
	7	4
⊕	1	4

	Zehner	Einer
	5	1
⊕	2	6

	Zehner	Einer
	4	3
⊕	3	5

	Zehner	Einer
	7	2
⊕	2	5

	Zehner	Einer
	8	1
⊕	1	6

	Zehner	Einer
	4	4
⊕	2	5

	Zehner	Einer
	6	5
⊕	2	4

	Zehner	Einer
	6	1
⊕	2	7

	Zehner	Einer
	1	0
⊕	6	8

	Zehner	Einer
	8	0
⊕	1	9

	Zehner	Einer
	5	2
⊕	3	7

⊖ Minusaufgaben: Zehner und Einer verändern sich!

100

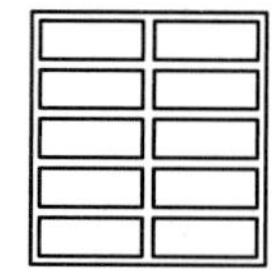

ZE ⊖ ZE

75 − 33

75 − 3 = 72

72 − 30 = 42

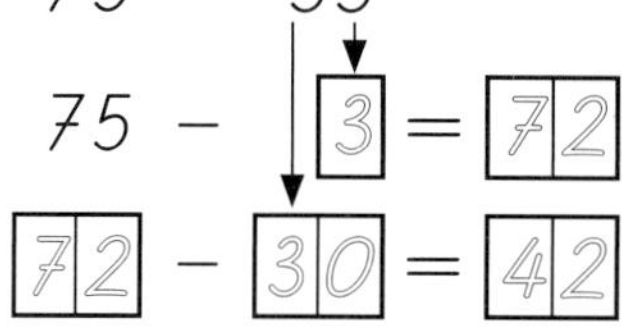

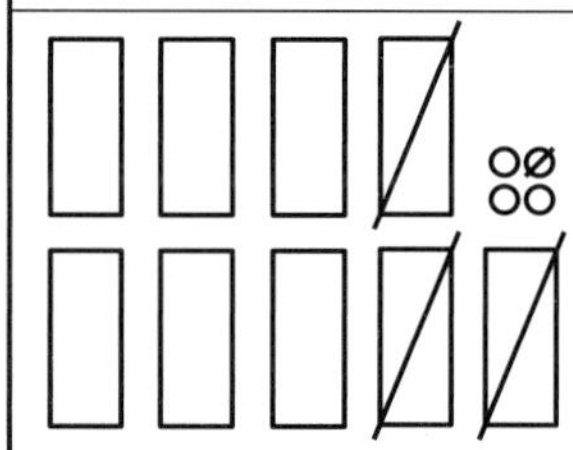

94 − 31

94 − ☐ = ☐☐

☐☐ − ☐☐ = ☐☐

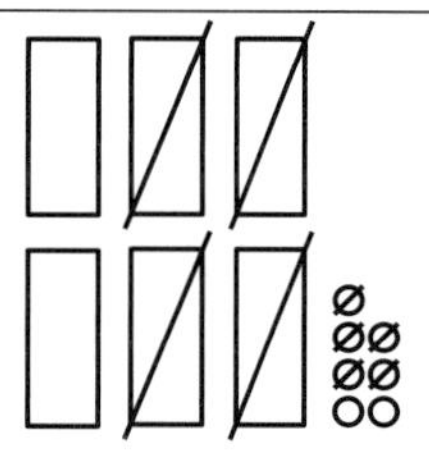

67 − 45

67 − ☐ = ☐☐

☐☐ − ☐☐ = ☐☐

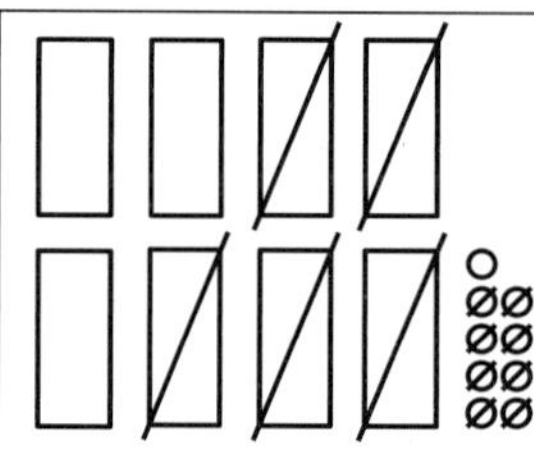

89 − 58

89 − ☐ = ☐☐

☐☐ − ☐☐ = ☐☐

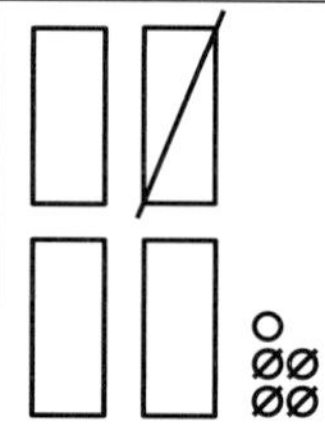

45 − 14

45 − ☐ = ☐☐

☐☐ − ☐☐ = ☐☐

Streiche weg und rechne!

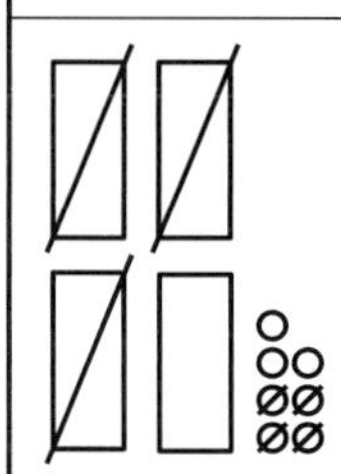

47 − 34

47 − ☐ = ☐☐

☐☐ − ☐☐ = ☐☐

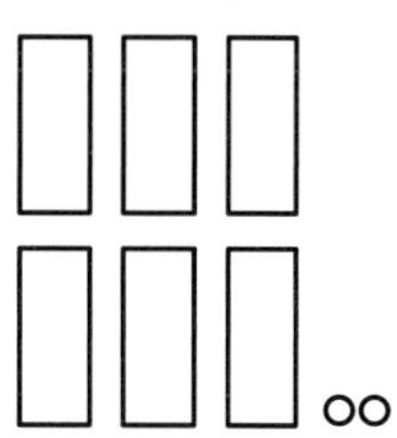

62 − 51

62 − ☐ = ☐☐

☐☐ − ☐☐ = ☐☐

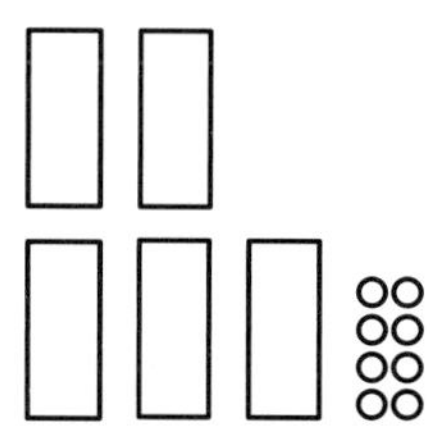

58 − 47

58 − ☐ = ☐☐

☐☐ − ☐☐ = ☐☐

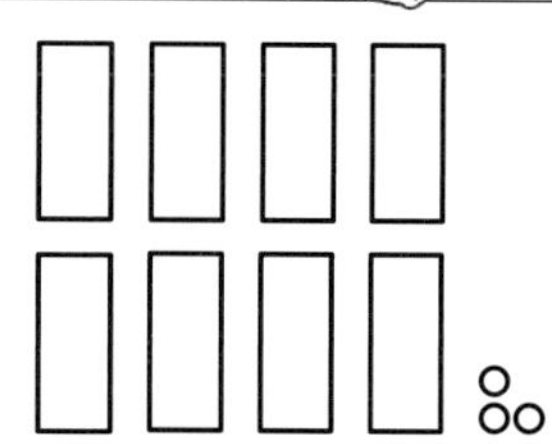

83 − 12

83 − ☐ = ☐☐

☐☐ − ☐☐ = ☐☐

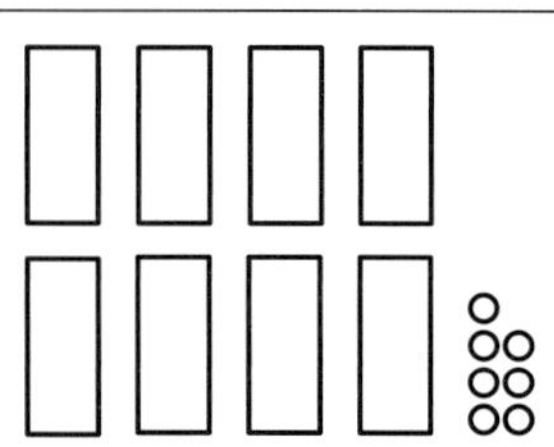

87 − 66

87 − ☐ = ☐☐

☐☐ − ☐☐ = ☐☐

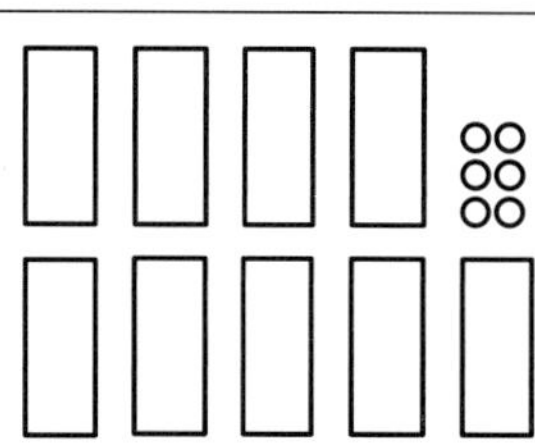

96 − 83

96 − ☐ = ☐☐

☐☐ − ☐☐ = ☐☐

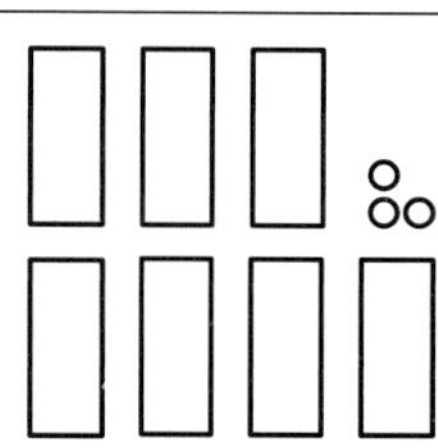

73 − 22

73 − ☐ = ☐☐

☐☐ − ☐☐ = ☐☐

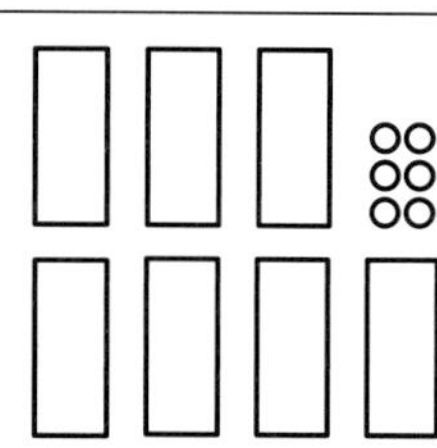

76 − 35

76 − ☐ = ☐☐

☐☐ − ☐☐ = ☐☐

Kistler/Schneider: Rechnen ohne Stolperstein, Band 3A. Illustrationen: Kristina Klotz

Zehner und Einer verändern sich!

100

ZE ⊖ ZE

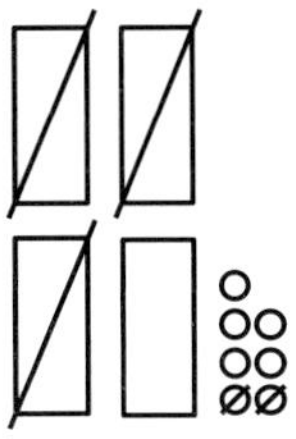	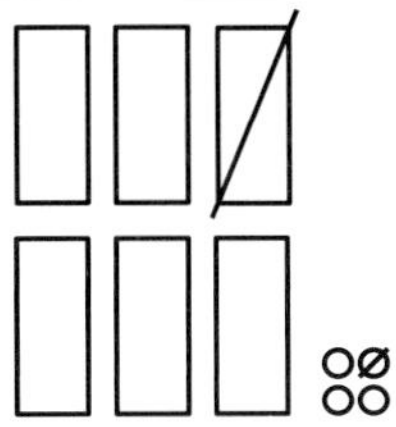	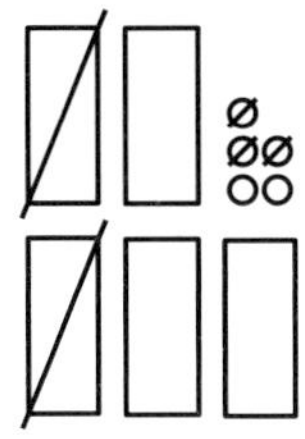	
47 − 32	64 − 11	55 − 23	
33 − 21	65 − 23	43 − 41	87 − 11
82 − 31	47 − 12	77 − 22	73 − 51

Rechne in zwei Schritten!

44 − 13	86 − 10	36 − 23	99 − 49
59 − 33	34 − 33	48 − 27	41 − 31
77 − 51	69 − 48	84 − 62	63 − 21
72 − 11	52 − 22	56 − 21	94 − 42

Jetzt ohne Zwischenschritt!

100

ZE ⊖ ZE

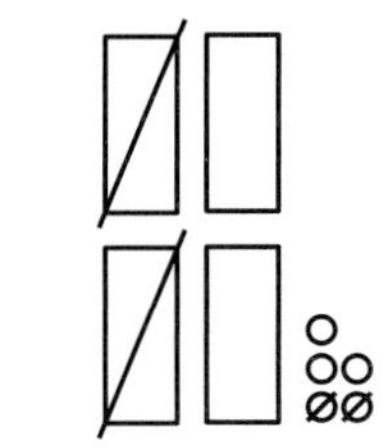

45 − 22 = ☐☐

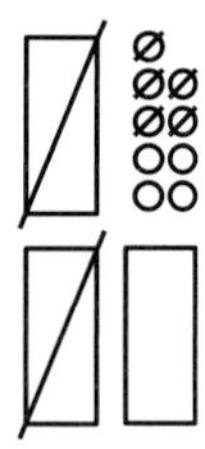

39 − 25 = ☐☐

42 − 31 = ☐☐

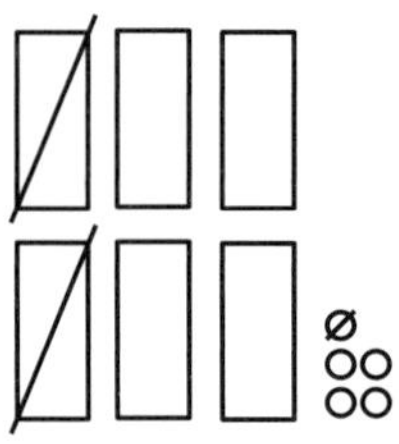

65 − 21 = ☐☐

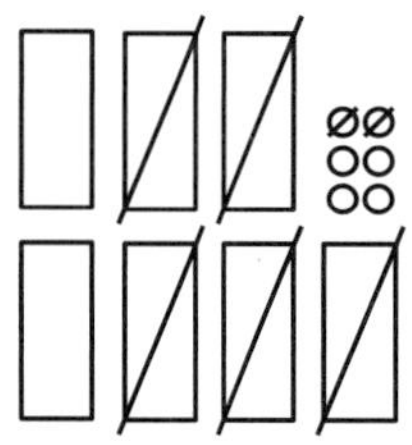

76 − 52 = ☐☐

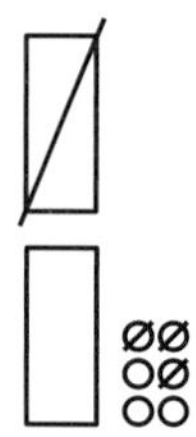

26 − 13 = ☐☐

52 − 31 = ☐☐

Wie heißt die Rechnung?

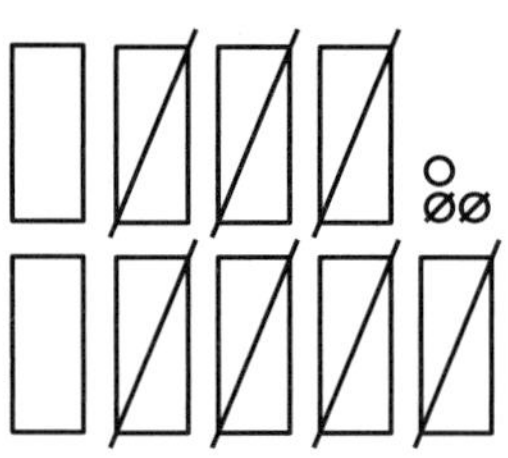

93 ⊖ 72 ⊜ ☐☐

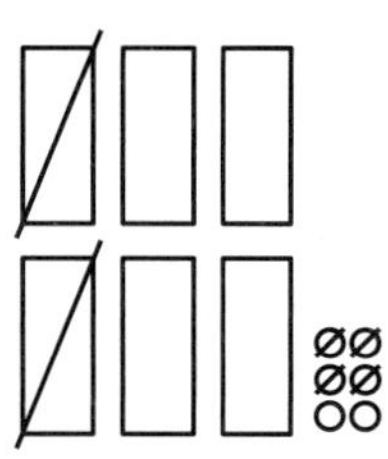

☐☐ ○ ☐☐ ○ ☐☐

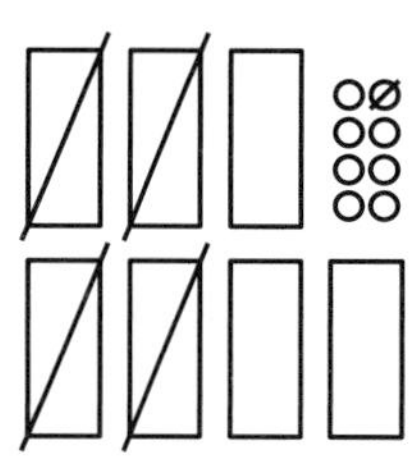

☐☐ ○ ☐☐ ○ ☐☐

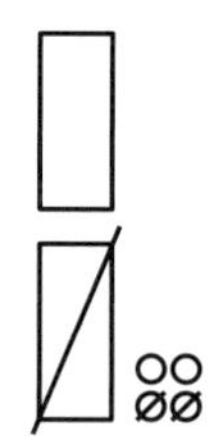

☐☐ ○ ☐☐ ○ ☐☐

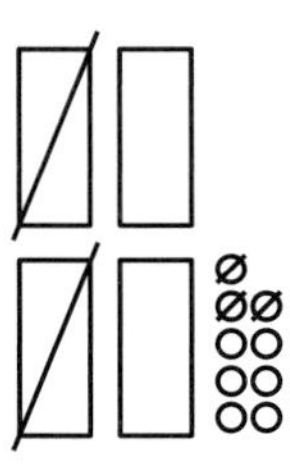

☐☐ ○ ☐☐ ○ ☐☐

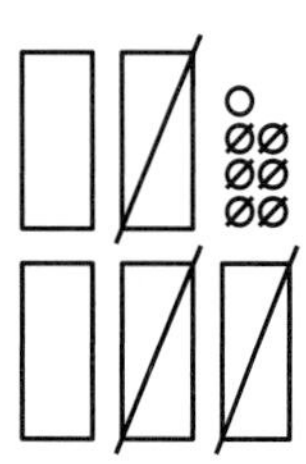

☐☐ ○ ☐☐ ○ ☐☐

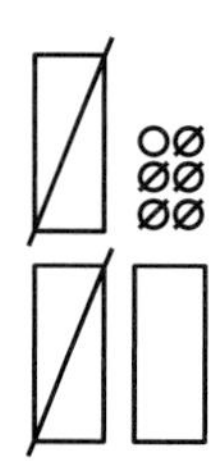

☐☐ ○ ☐☐ ○ ☐☐

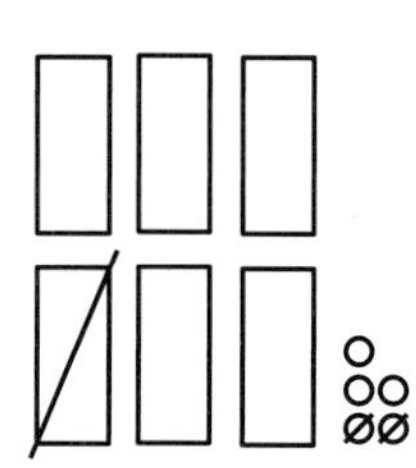

☐☐ ○ ☐☐ ○ ☐☐

Kistler / Schneider: Rechnen ohne Stolperstein, Band 3A. Illustrationen: Kristina Klotz

Aufgepasst!

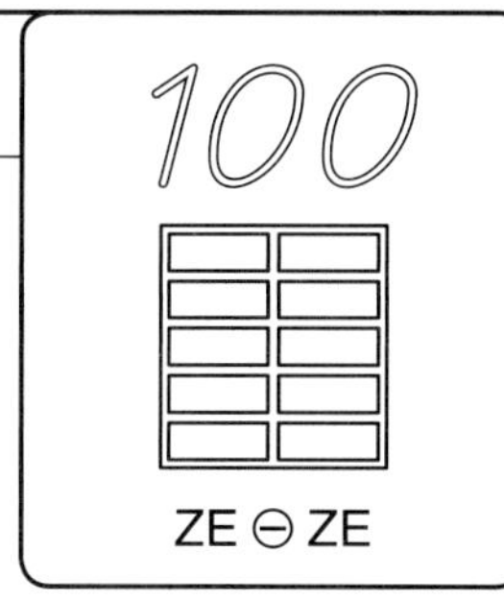

68 − 53 =	38 − 17 =	46 − 23 =	
17 − 8 =	72 − 41 =	46 − 13 =	
89 − 38 =	98 − 76 =	78 − 57 =	
43 − 22 =	29 − 17 =	33 − 22 =	63 − 52 =
77 − 44 =	86 − 34 =	11 − 9 =	47 − 11 =
59 − 48 =	55 − 23 =	37 − 24 =	24 − 14 =
14 − 7 =	19 − 10 =	53 − 41 =	97 − 25 =
27 − 16 =	35 − 24 =	88 − 77 =	56 − 32 =
97 − 86 =	85 − 21 =	28 − 15 =	79 − 68 =
69 − 48 =	48 − 37 =	13 − 6 =	92 − 11 =

Das kannst du schon! Rechne.

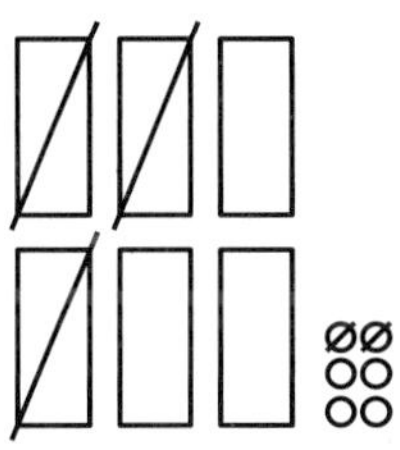

66 − 32 =

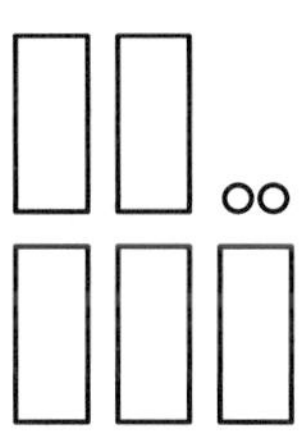

52 − 21 =

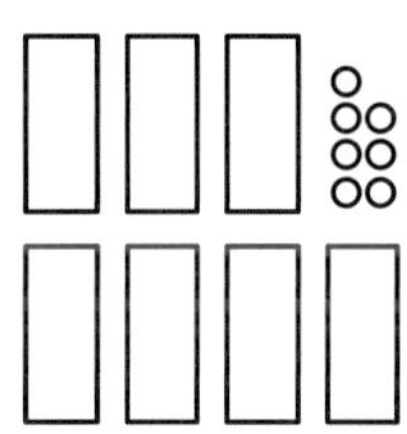

77 − 56 =

74 − 21 =	92 − 41 =	44 − 33 =	54 − 34 =	59 − 32 =
37 − 14 =	58 − 23 =	16 − 8 =	53 − 12 =	29 − 14 =
13 − 9 =	25 − 13 =	67 − 56 =	87 − 41 =	11 − 4 =
58 − 42 =	68 − 36 =	38 − 27 =	17 − 8 =	76 − 43 =
91 − 51 =	75 − 64 =	86 − 55 =	69 − 57 =	48 − 23 =
34 − 21 =	16 − 7 =	99 − 87 =	23 − 12 =	56 − 34 =

Rechensterne

100

ZE ⊖ ZE

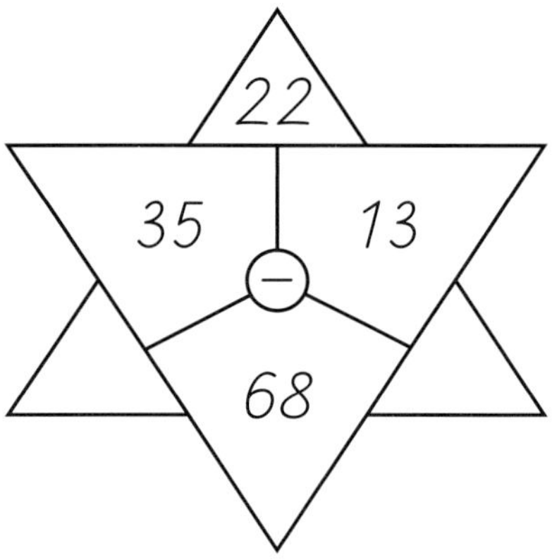

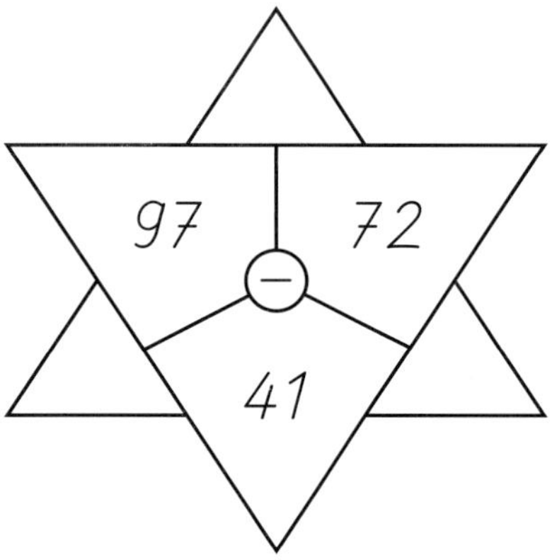

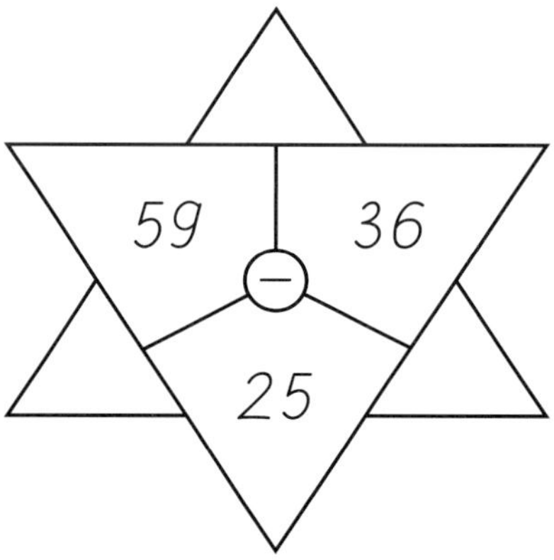

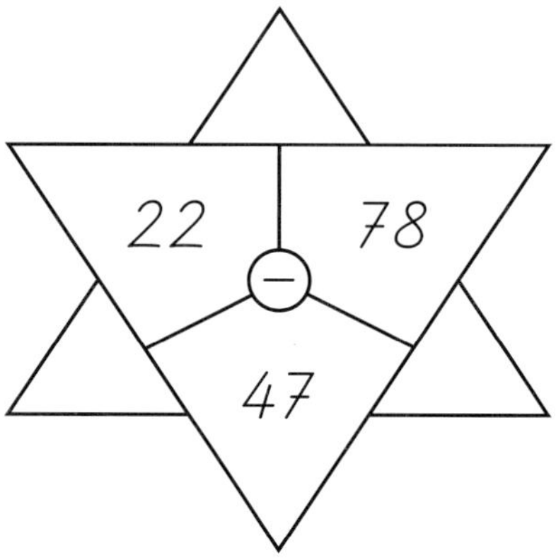

Stern	oben	links	rechts	unten
1	22	35	13	68
2		88	54	63
3		97	72	41
4		59	36	25
5		22	78	47

(Rechenzeichen in der Mitte jedes Sterns: ⊖)

Schreibe die Lösung auf die Hefte!

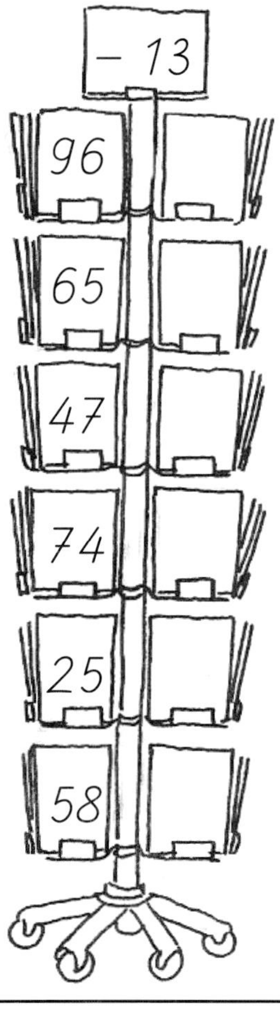

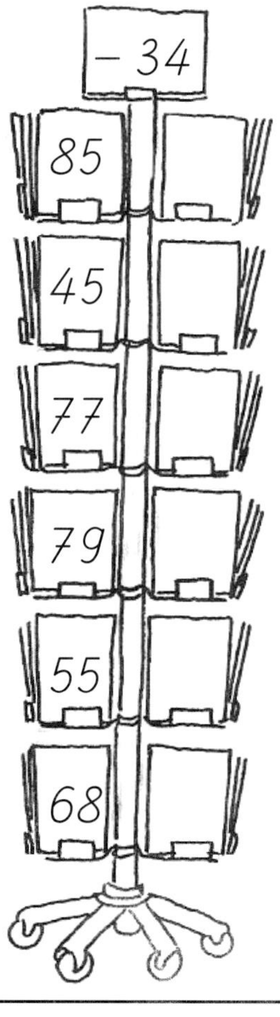

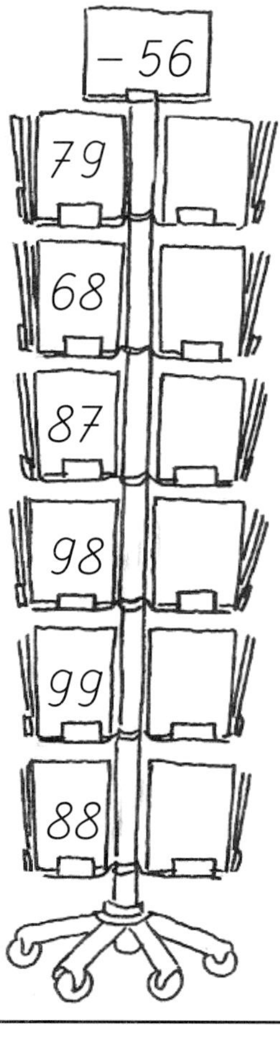

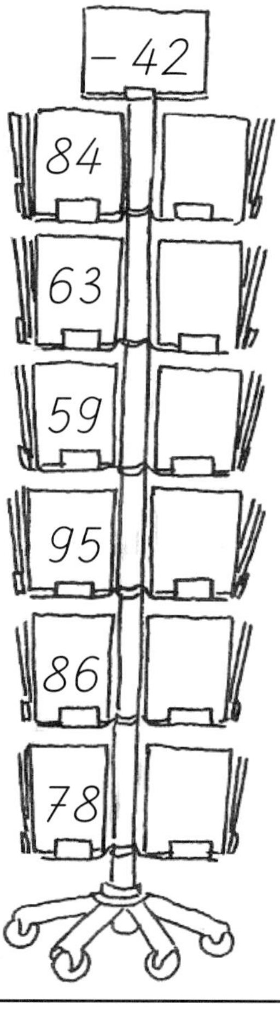

– 13		– 34		– 56		– 42		– 65	
96		85		79		84		99	
65		45		68		63		66	
47		77		87		59		87	
74		79		98		95		78	
25		55		99		86		69	
58		68		88		78		98	

Kistler/Schneider: Rechnen ohne Stolperstein, Band 3A. Illustrationen: Kristina Klotz

⊖ Minusaufgaben kannst du auch so aufschreiben:

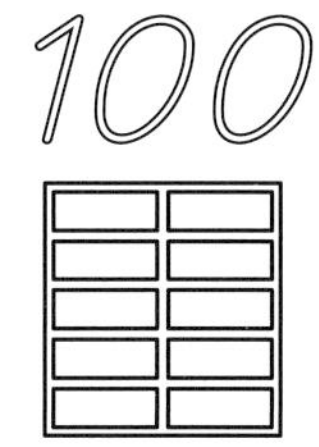

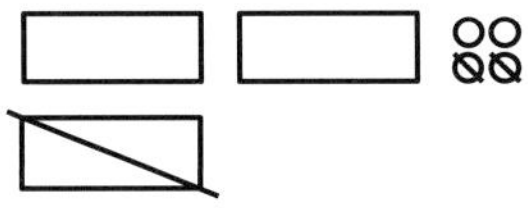

	Zehner	Einer
	3	4
⊖	1	2
⊜	2	2

Ich beginne mit den Einern!

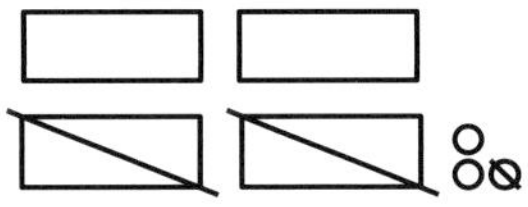

	Zehner	Einer
	4	3
⊖	2	1
⊜		

Übe weiter und lege mit Plättchen!

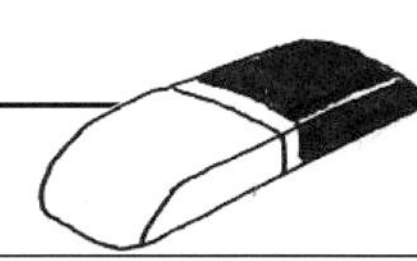

	Zehner	Einer
	3	6
⊖	2	1
		5

	Zehner	Einer
	7	4
⊖	2	3

	Zehner	Einer
	5	5
⊖	4	3

	Zehner	Einer
	4	7
⊖	3	5

	Zehner	Einer
	7	2
⊖	2	2

	Zehner	Einer
	8	4
⊖	1	2

	Zehner	Einer
	4	8
⊖	2	5

	Zehner	Einer
	6	9
⊖	1	0

	Zehner	Einer
	6	4
⊖	6	2

	Zehner	Einer
	6	5
⊖	1	3

	Zehner	Einer
	8	7
⊖	1	2

	Zehner	Einer
	5	4
⊖	4	2

Achte auf ⊕ und ⊖! Rechne.

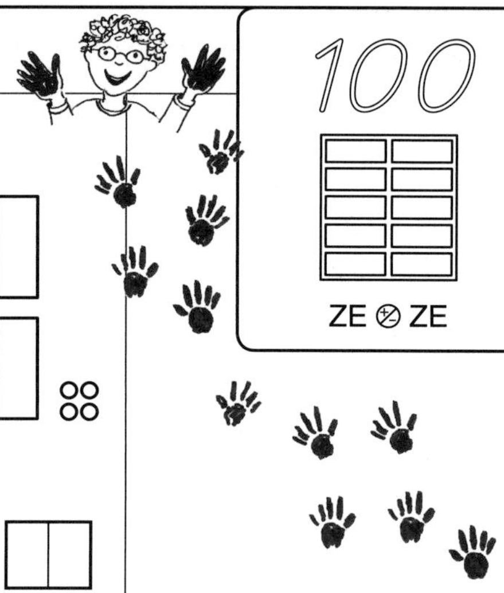

100

ZE ⊘ ZE

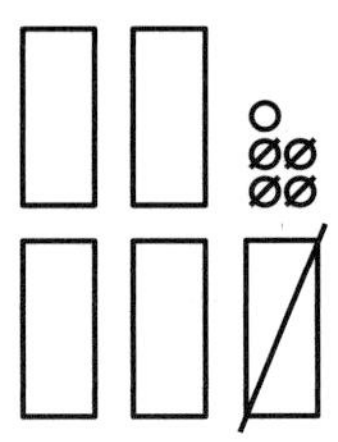

$55 - 14 = \square\square$

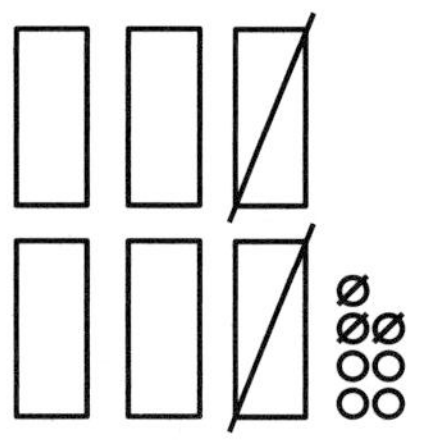

$67 - 23 = \square\square$

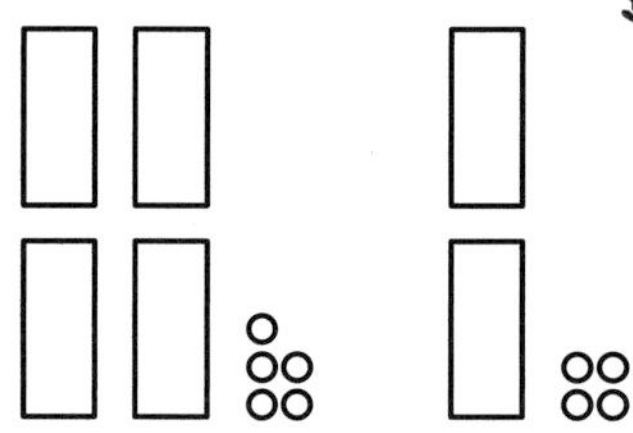

$45 + 24 = \square\square$

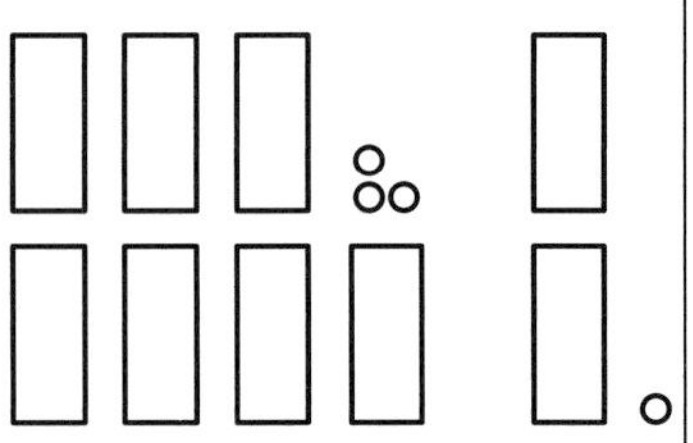

$73 + 21 = \square\square$

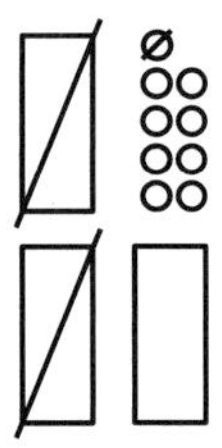

$39 - 21 = \square\square$

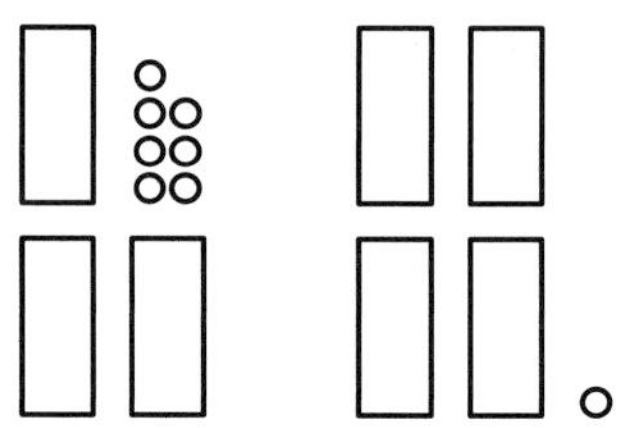

$37 + 41 = \square\square$

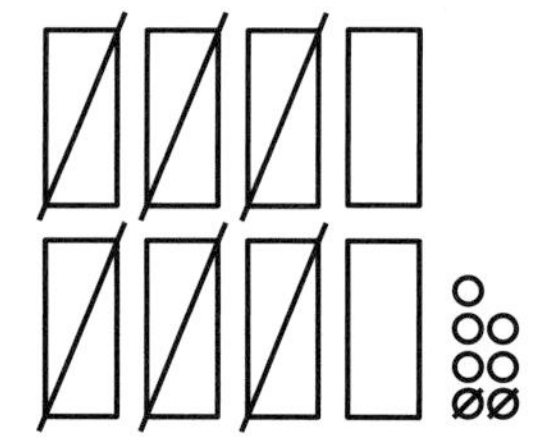

$87 - 62 = \square\square$

Male und rechne!

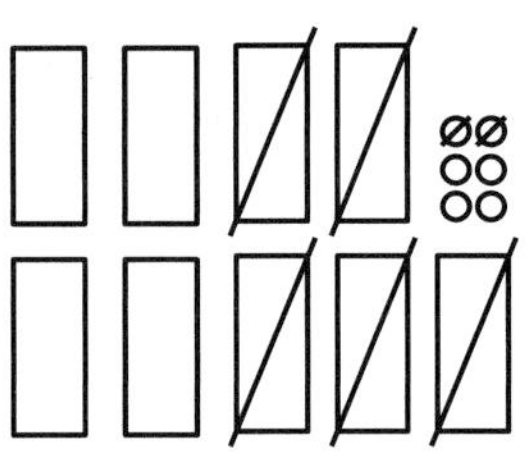

$96 - 52 = \square\square$

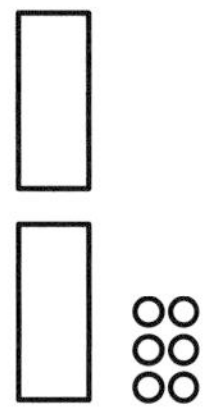

$26 + 43 = \square\square$

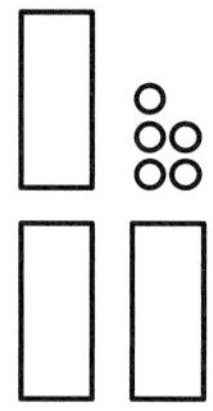

$35 + 24 = \square\square$

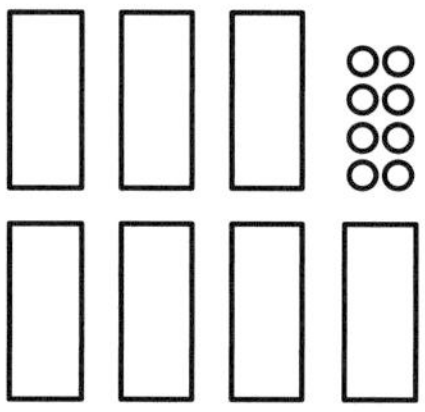

$78 - 62 = \square\square$

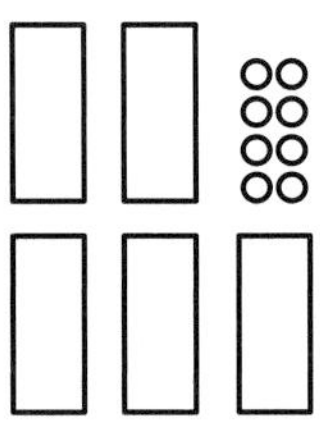

$58 + 31 = \square\square$

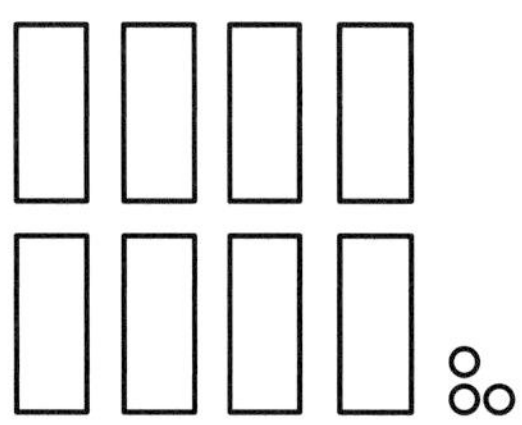

$83 - 42 = \square\square$

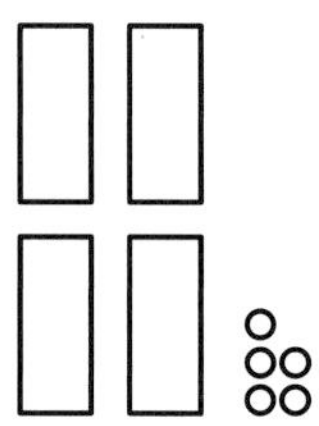

$45 + 23 = \square\square$

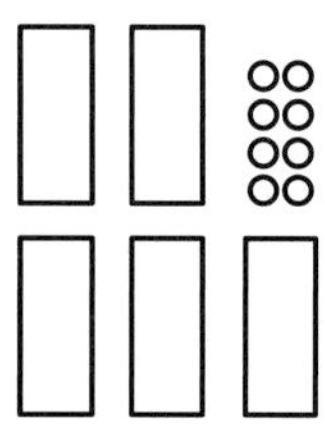

$58 - 34 = \square\square$

Wie heißt die Rechnung?

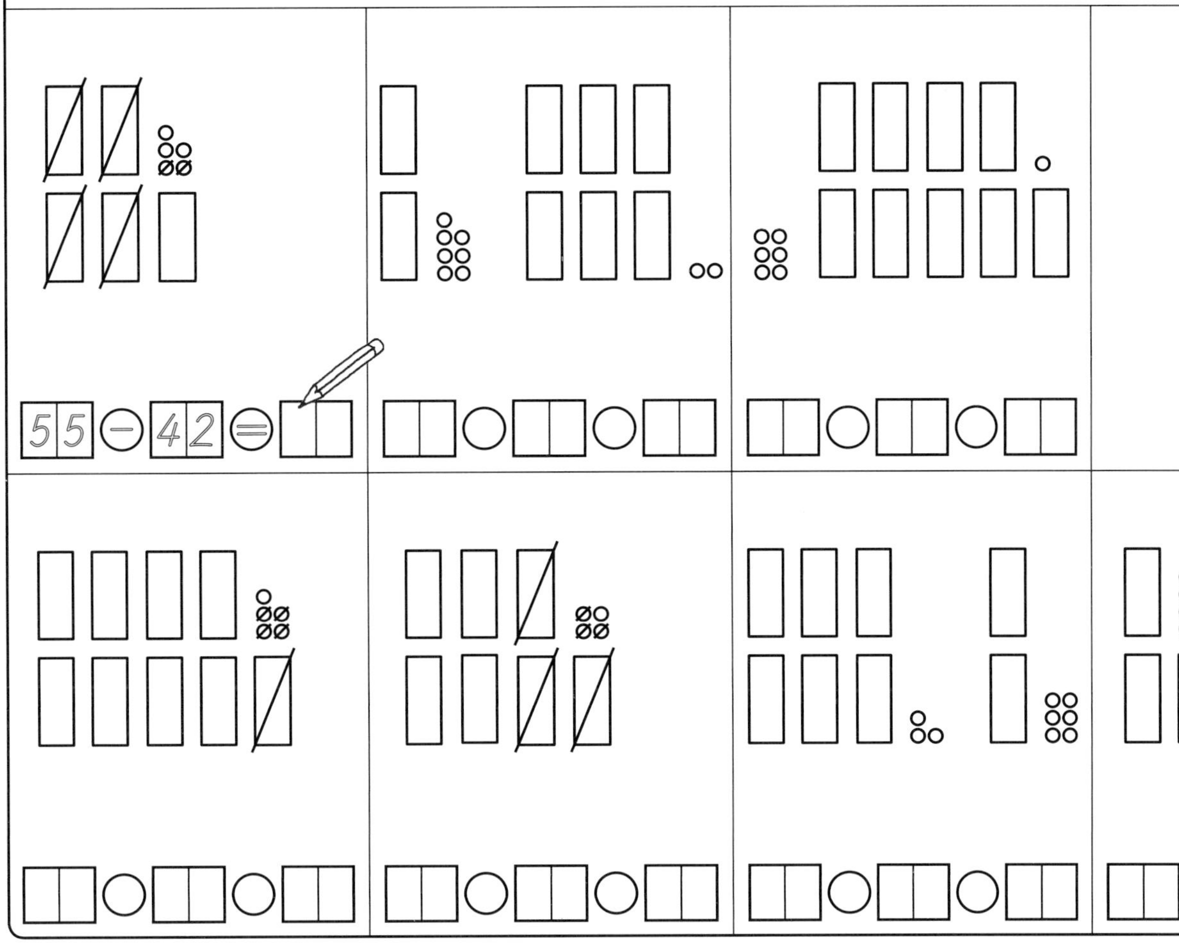

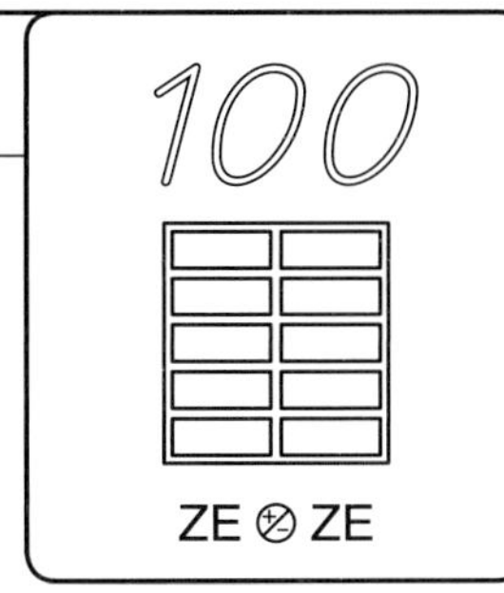

55 − 42 =

Aufgemerkt!

28 + 31 =	69 − 58 =	42 − 21 =	37 + 42 =	84 + 15 =
4 + 8 =	13 − 7 =	78 + 11 =	27 − 13 =	88 − 66 =
35 − 12 =	85 − 45 =	38 − 24 =	87 + 11 =	30 + 69 =
75 − 25 =	18 + 31 =	45 + 44 =	74 − 61 =	41 + 26 =
62 + 17 =	22 − 11 =	26 + 22 =	55 − 43 =	46 − 34 =
54 − 12 =	91 − 81 =	63 − 32 =	14 + 61 =	93 − 11 =

Rechenraupen: Rechne mit dem Ergebnis weiter!

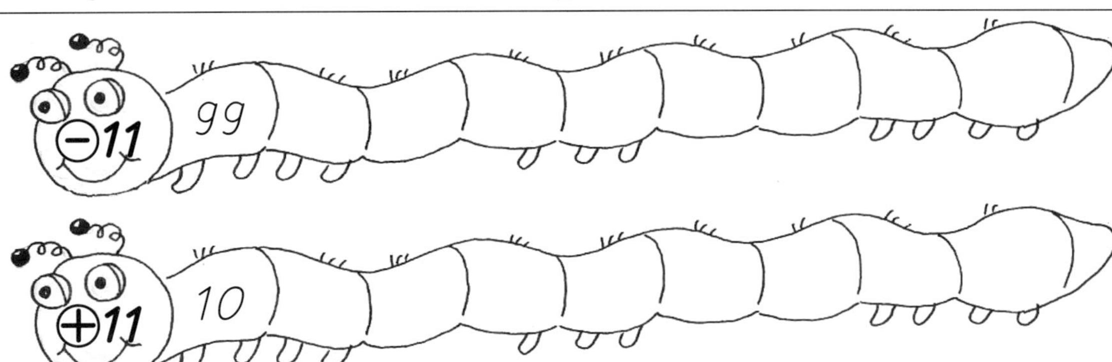

Umkehraufgaben

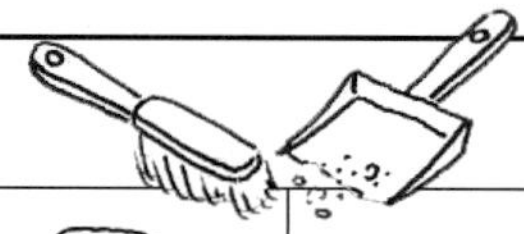

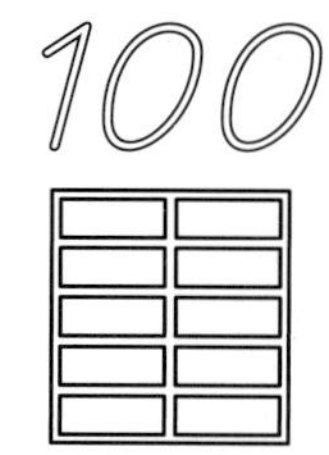

34 − 12 = ☐☐

22 + 12 = ☐☐

88 − 66 = ☐☐
95 − 34 = ☐☐
22 − 11 = ☐☐
74 − 61 = ☐☐
67 − 24 = ☐☐
69 − 58 = ☐☐

☐☐ ○ ☐☐ ○ ☐☐
☐☐ ○ ☐☐ ○ ☐☐
☐☐ ○ ☐☐ ○ ☐☐
☐☐ ○ ☐☐ ○ ☐☐
☐☐ ○ ☐☐ ○ ☐☐
☐☐ ○ ☐☐ ○ ☐☐

Male die Ergebnisse unten aus!

28 + 51 = ☐☐	69 − 47 = ☐☐	42 − 30 = ☐☐	37 + 51 = ☐☐	23 + 15 = ☐☐
54 + 23 = ☐☐	12 − 6 = ☐☐	38 + 41 = ☐☐	27 − 14 = ☐☐	88 − 45 = ☐☐
35 − 23 = ☐☐	85 − 34 = ☐☐	38 − 35 = ☐☐	37 + 41 = ☐☐	33 + 41 = ☐☐
75 − 55 = ☐☐	58 + 11 = ☐☐	45 + 32 = ☐☐	74 − 52 = ☐☐	41 + 37 = ☐☐
62 + 26 = ☐☐	72 − 61 = ☐☐	26 + 43 = ☐☐	54 + 24 = ☐☐	46 − 23 = ☐☐
54 − 13 = ☐☐	96 − 51 = ☐☐	63 − 21 = ☐☐	55 − 35 = ☐☐	93 − 62 = ☐☐

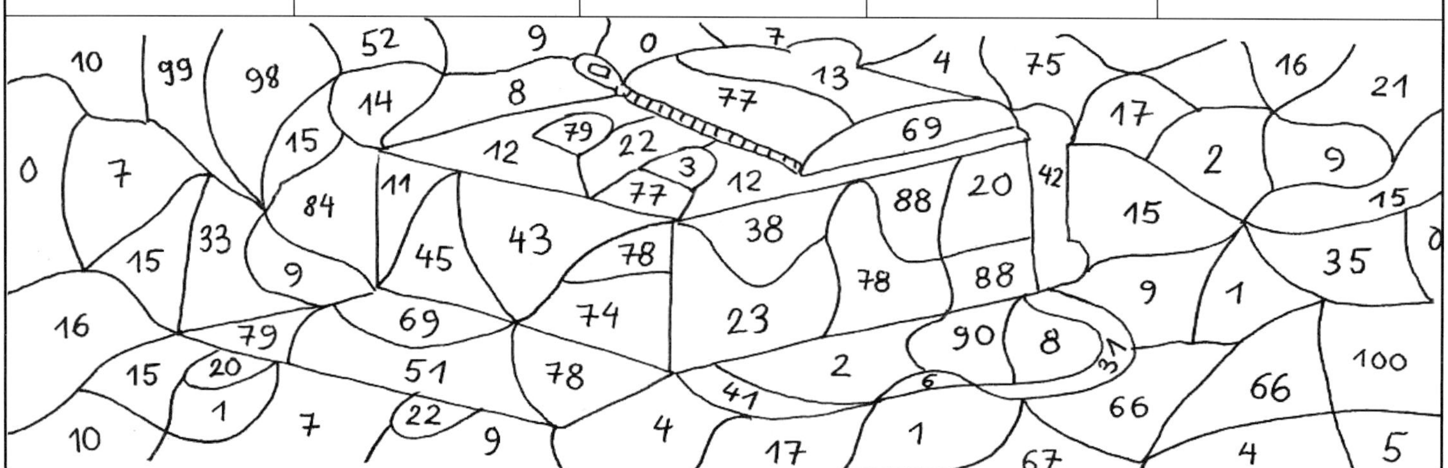

Kistler/Schneider: Rechnen ohne Stolperstein, Band 3A. Illustrationen: Kristina Klotz

Zehner oder Einer: Welche Stelle verändert sich?

100

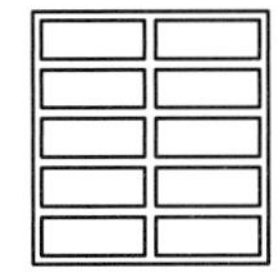

ZE (±) E
ZE (±) ZE

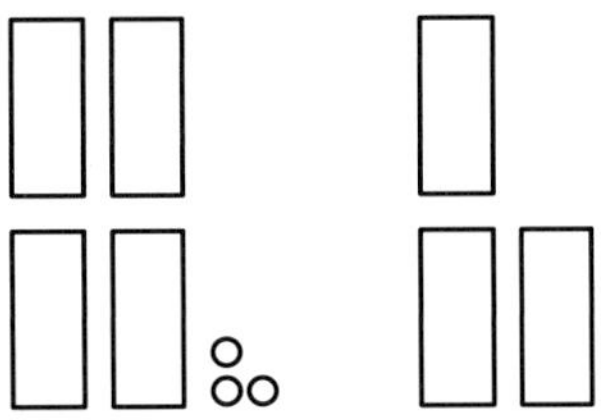 43 + 30 = ___	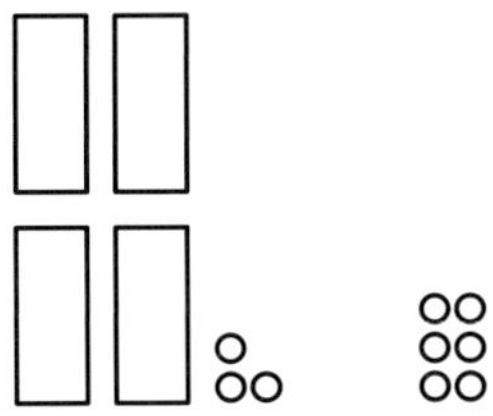 43 + 6 = ___	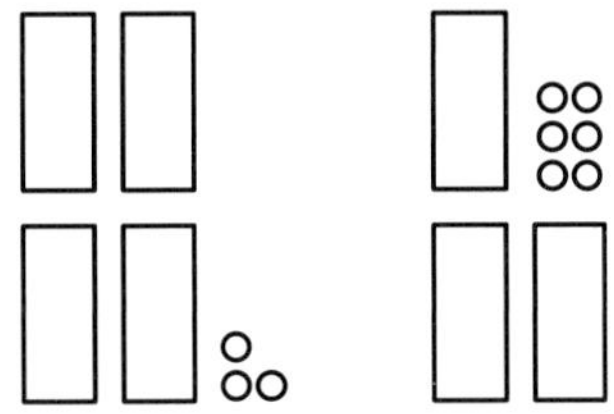 43 + 36 = ___
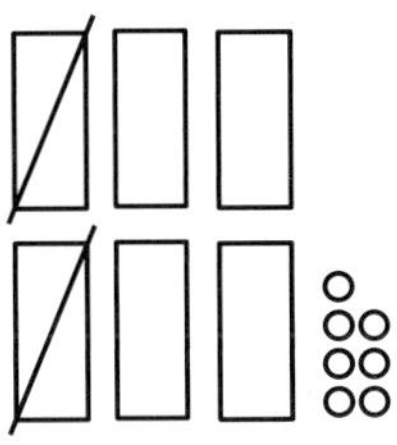 67 − 20 = ___	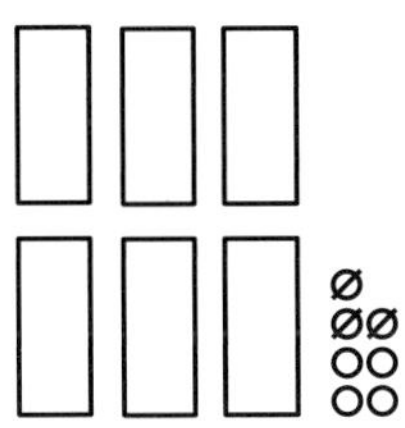 67 − 3 = ___	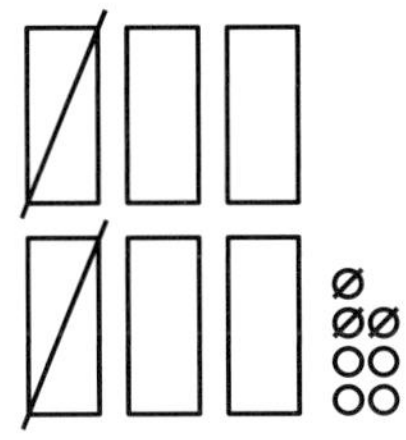 67 − 23 = ___

Überlege gut!

23 + 5 = ___	69 − 52 = ___	42 − 1 = ___	43 + 55 = ___	52 + 34 = ___
22 + 34 = ___	17 − 9 = ___	73 + 6 = ___	27 − 4 = ___	88 − 65 = ___
94 − 62 = ___	85 − 5 = ___	38 − 23 = ___	84 + 4 = ___	56 + 10 = ___
75 − 3 = ___	48 + 1 = ___	35 + 21 = ___	74 − 51 = ___	95 + 2 = ___
41 + 30 = ___	72 − 40 = ___	68 + 20 = ___	45 + 40 = ___	46 − 2 = ___
54 − 2 = ___	96 − 70 = ___	63 − 40 = ___	55 − 20 = ___	93 − 50 = ___

Finde selbst eine passende Rechnung mit ZE (±) ZE!

21 + 13 = 34	___ + ___ = 94	___ + ___ = 87	___ − ___ = 36
___ − ___ = 22	___ + ___ = 68	___ − ___ = 17	___ + ___ = 59
___ + ___ = 69	___ − ___ = 47	___ − ___ = 46	___ − ___ = 31
___ − ___ = 73	___ − ___ = 55	___ + ___ = 74	___ + ___ = 88

Kettenaufgaben

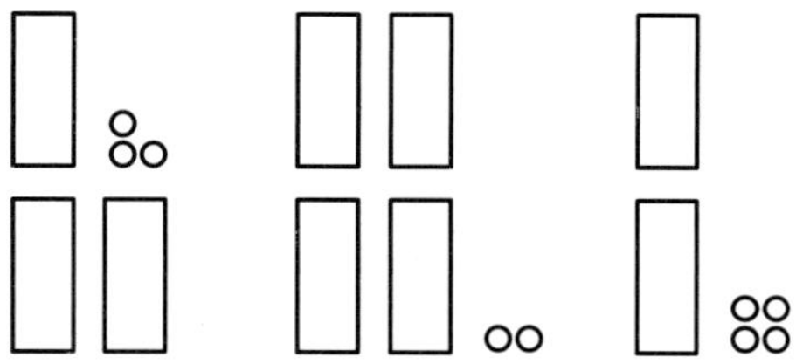

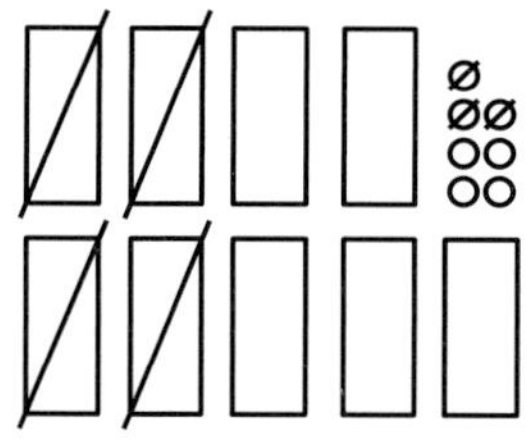

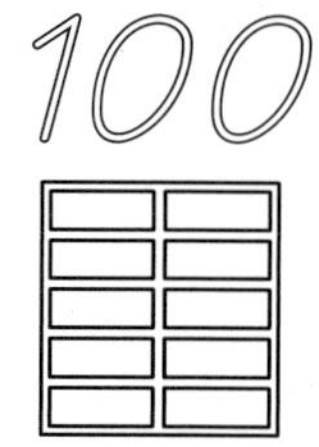

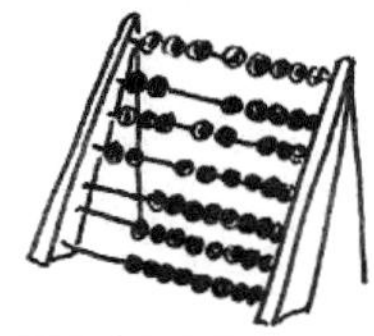

[75]
33 + 42 + 24 = ___

[54]
97 − 43 − 21 = ___

13 + 24 + 41 = ___	67 + 12 + 10 = ___	97 − 15 − 41 = ___	67 − 22 − 21 = ___
51 + 14 + 24 = ___	31 + 27 + 41 = ___	76 − 32 − 12 = ___	78 − 18 − 30 = ___
35 + 41 + 2 = ___	12 + 53 + 23 = ___	89 − 7 − 61 = ___	85 − 53 − 31 = ___
41 + 10 + 23 = ___	26 + 30 + 32 = ___	49 − 20 − 16 = ___	78 − 44 − 3 = ___

Für Spürnasen:  Rechne zuerst, finde dann eine passende Aufgabe!

87 − 7 = ___
56 − 6 = ___
75 − 5 = ___
___ ○ ___ ○ ___

88 − 80 − 8 = ___
47 − 40 − 7 = ___
69 − 9 − 60 = ___
___ ○ ___ ○ ___ ○ ___

11 + 9 = ___
48 + 2 = ___
36 + 4 = ___
___ ○ ___ ○ ___

95 − 90 = ___
78 − 70 = ___
43 − 40 = ___
___ ○ ___ ○ ___

10 − 9 = ___
53 − 52 = ___
77 − 76 = ___
___ ○ ___ ○ ___

Kistler/Schneider: Rechnen ohne Stolperstein, Band 3A. Illustrationen: Kristina Klotz

⊘ Plus- und Minusaufgaben untereinander!

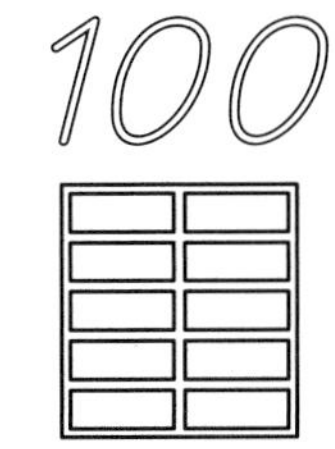

ZE	ZE
⊕ ZE	⊖ ZE

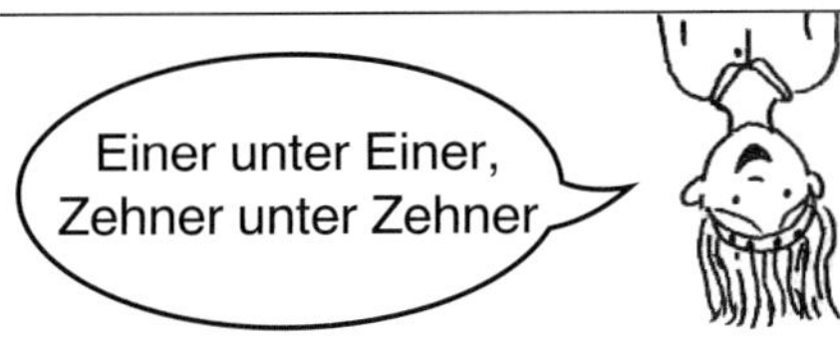

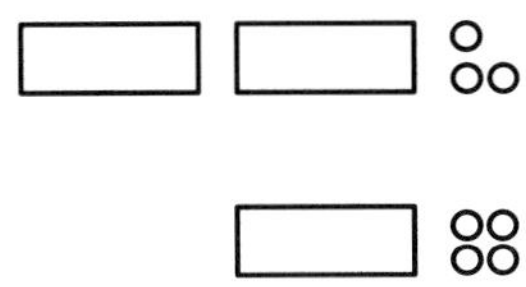

	Zehner	Einer
	2	3
⊕	1	4
⊜		

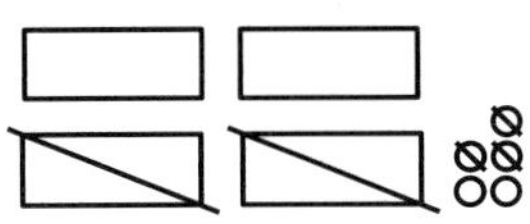

	Zehner	Einer
	4	5
⊖	2	3
⊜		

Übe weiter und lege mit Plättchen!

	Zehner	Einer
	3	7
⊖	1	5

	Zehner	Einer
	7	4
⊕	1	3

	Zehner	Einer
	5	8
⊖	2	6

	Zehner	Einer
	4	3
⊕	3	5

	Zehner	Einer
	3	4
⊕	3	5

	Zehner	Einer
	8	4
⊖	1	2

	Zehner	Einer
	2	1
⊕	1	7

	Zehner	Einer
	6	5
⊖	2	4

	Zehner	Einer
	6	9
⊖	2	7

	Zehner	Einer
	4	0
⊕	3	8

	Zehner	Einer
	3	4
⊕	4	4

	Zehner	Einer
	5	7
⊖	3	7

Kistler/Schneider: Rechnen ohne Stolperstein, Band 3A. Illustrationen: Kristina Klotz

⊘ Plus- und Minusaufgaben untereinander: Alles gemischt!

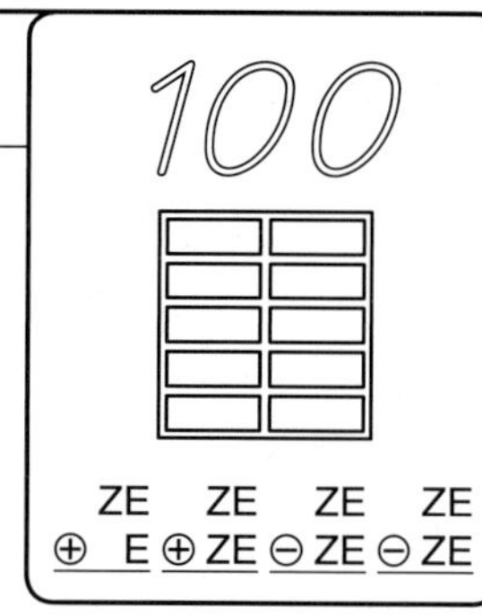

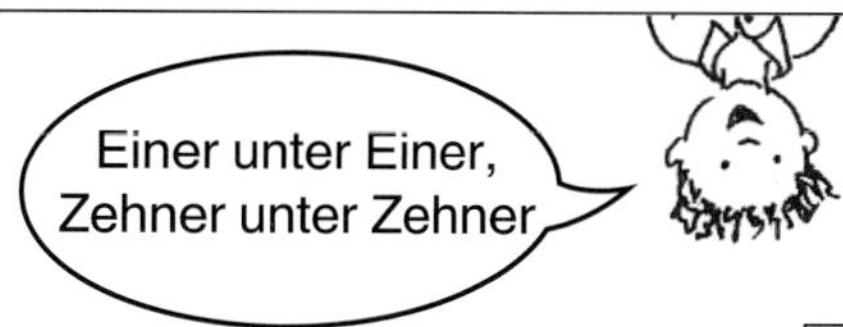

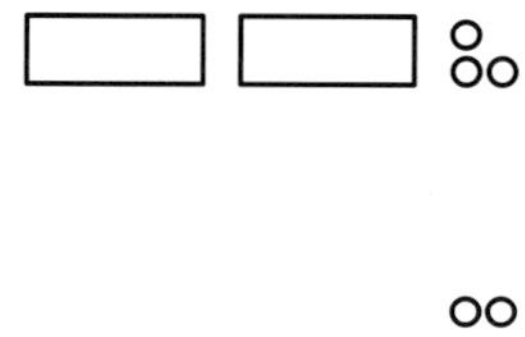

	Zehner	Einer
	2	3
⊕		2
⊜		

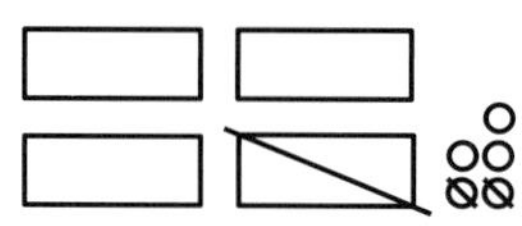

	Zehner	Einer
	4	5
⊖	1	2
⊜		

Übe weiter und lege mit Plättchen!

	Zehner	Einer
	2	7
⊖		4

	Zehner	Einer
	4	1
⊕	1	3

	Zehner	Einer
	5	8
⊖	3	3

	Zehner	Einer
	9	3
⊕		6

	Zehner	Einer
	6	4
⊕	2	5

	Zehner	Einer
	8	9
⊖		6

	Zehner	Einer
	5	3
⊕		5

	Zehner	Einer
	7	5
⊖	2	4

	Zehner	Einer
	4	8
⊖		7

	Zehner	Einer
	6	0
⊕		8

	Zehner	Einer
	2	3
⊕	7	5

	Zehner	Einer
	7	5
⊖	5	3

Kistler/Schneider: Rechnen ohne Stolperstein, Band 3A. Illustrationen: Kristina Klotz

Rechengeschichten

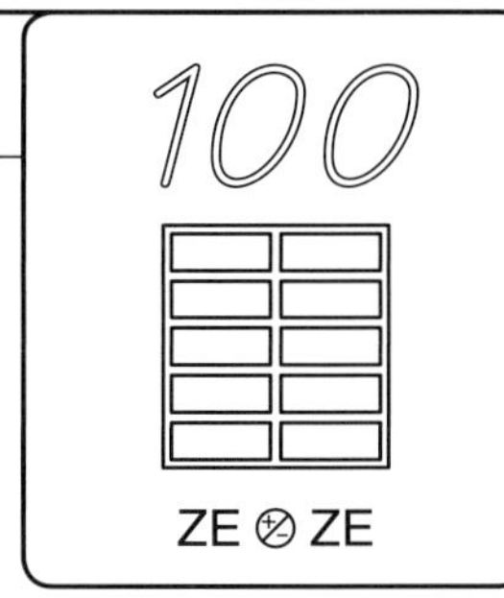

Zum Schulanfang kauft sich Annegret für 21 Euro Bücher.
25 Euro muss sie für Stifte und einen Füller bezahlen.
Wie viel Geld braucht sie für alle Schulsachen?

Wir rechnen: ☐☐ ◯ ☐☐ ◯ ☐☐

Wir antworten: ______________________________

Rike kauft für ihr Geburtstagsfest 1 Paket mit 24 Kerzen.
Als sie heimkommt, sieht sie, dass ihre Mutter auch schon 25 Kerzen besorgt hat.
Wie viele Kerzen gibt es jetzt bei Rike zu Hause?

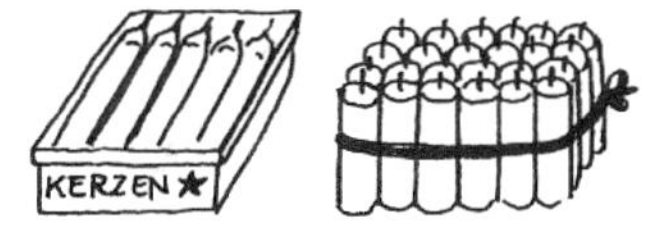

Wir rechnen: ☐☐ ◯ ☐☐ ◯ ☐☐

Wir antworten: ______________________________

Im Schreibwarenladen liegen 69 Kartenspiele im Regal.
An einem Tag werden 23 Spiele verkauft.
Wie viele Kartenspiele liegen noch im Regal?

Wir rechnen: ☐☐ ◯ ☐☐ ◯ ☐☐

Wir antworten: ______________________________

Es gibt Tintenpatronen im Sonderangebot. 76 Päckchen sind noch zu verkaufen.
Jochen kauft sich gleich 23 Päckchen.
Wie viele Päckchen bleiben noch im Geschäft?

Wir rechnen: ☐☐ ◯ ☐☐ ◯ ☐☐

Wir antworten: ______________________________

Rudolf hat sein Mäppchen verloren und muss sich alle Stifte neu kaufen.
Er besorgt sich 24 Buntstifte und 12 Filzstifte.
Wie viele Stifte hat er nun wieder?

Wir rechnen: ☐☐ ◯ ☐☐ ◯ ☐☐

Wir antworten: ______________________________

Jochen und Insa haben zusammen 58 Euro gespart.
Sie geben im Schreibwarengeschäft 22 Euro für Comics und
Rätselhefte aus. Wie viel Geld bleibt den beiden übrig?

Wir rechnen: ☐☐ ◯ ☐☐ ◯ ☐☐

Wir antworten: ______________________________

Rechengeschichten

100

ZE ⊘ ZE

Margit hat 86 Spitzer ins Regal geräumt.
Sie stößt mit dem Ellbogen daran. 42 Dosen rollen auf den Boden.
Wie viele Spitzerdosen sind noch im Regal?

Wir rechnen: ☐☐ ○ ☐☐ ○ ☐☐

Wir antworten: ____________________

Wendi und Erna kaufen Sticker für ihr Album.
Wendi sucht sich 25 Dinosaurier aus. Erna nimmt 22 Tiere aus Afrika.
Wie viele Sticker kaufen die beiden zusammen?

Wir rechnen: ☐☐ ○ ☐☐ ○ ☐☐

Wir antworten: ____________________

Ich denke mir eine Zahl:
Die Zahl ist
um 33 kleiner als 99.

☐☐ ○ ☐☐ ○ ☐☐

Wir antworten: ____________________

Ich denke mir eine Zahl:
Wenn ich zu dieser Zahl 26 dazurechne,
kommt 78 heraus.

☐☐ ○ ☐☐ ○ ☐☐

Wir antworten: ____________________

Wie heißt die Zahl?
Von 96 nimmst du 35 weg.
Rechne zum Ergebnis 20 dazu.

☐☐ ○ ☐☐ ○ ☐☐

☐☐ ○ ☐☐ ○ ☐☐

Wir antworten: ____________________

Ich denke mir eine Zahl:
Die Zahl ist um 23 größer als 32
und um 13 kleiner als 68.

☐☐ ○ ☐☐ ○ ☐☐

☐☐ ○ ☐☐ ○ ☐☐

Wir antworten: ____________________

Kistler / Schneider: Rechnen ohne Stolperstein, Band 3A. Illustrationen: Kristina Klotz

Das schaffst du! Zerlege.

100

ZE ZE

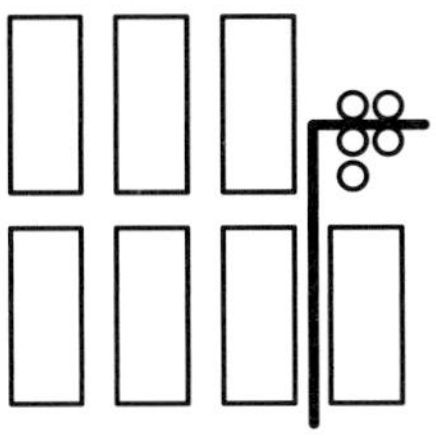		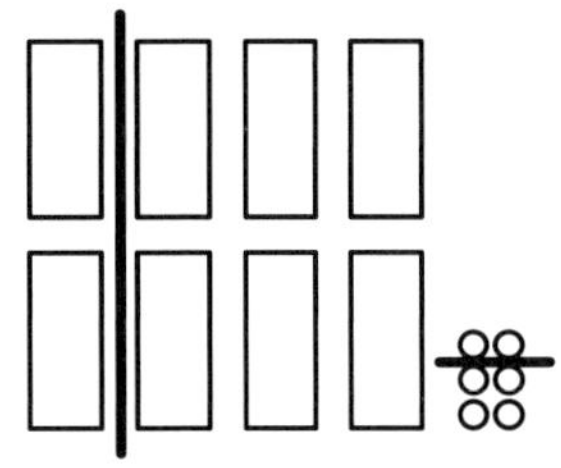	
75 = 13 + □□	35 = □□ + 12	86 = 24 + □□	
58 = 42 + □□	27 = 14 + □□	39 = 13 + □□	68 = □□ + 43
67 = 53 + □□	48 = 32 + □□	65 = □□ + 42	57 = □□ + 46
86 = □□ + 32	86 = □□ + 35	59 = 45 + □□	35 = 22 + □□
66 = □□ + 35	34 = 21 + □□	77 = 32 + □□	27 = 13 + □□
36 = 23 + □□	59 = □□ + 24	76 = 53 + □□	48 = 34 + □□
73 = 42 + □□	48 = 23 + □□	68 = □□ + 45	76 = 35 + □□

Fehlersuche: Streiche falsche Aufgaben aus. Trage Buchstaben der richtigen Aufgaben unten ein.

P: 38 = 12 + 26	R: 34 = 20 + 14
R: 63 = 22 + 41	A: 67 = 14 + 43
G: 58 = 44 + 24	E: 35 = 11 + 24
I: 75 = 31 + 44	C: 39 = 26 + 24
M: 74 = 31 + 43	X: 87 = 36 + 52
E: 66 = 24 + 44	H: 49 = 21 + 28
A: 81 = 60 + 21	N: 74 = 33 + 41
G: 96 = 64 + 32	E: 95 = 23 + 72
E: 64 = 31 + 33	T: 22 = 11 + 11

Lösungssatz:

□□□□□

□□□□□□□□□

Was passiert? Achte auf die große Freundin!

100 ZE ⊕/ ⊖ ZE

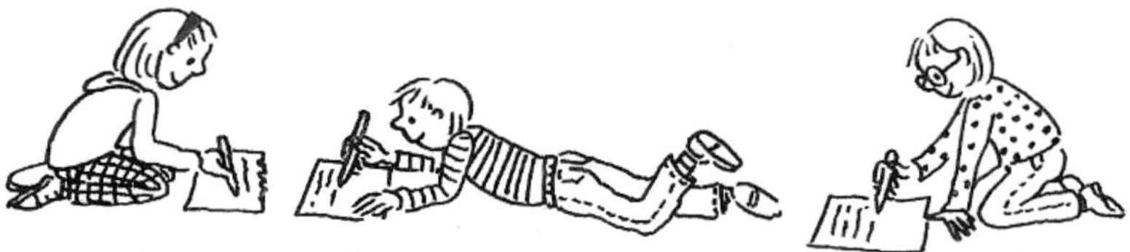

26, 48, 22	□ + □ = □	□ − □ = □	□ = □ + □
	□ + □ = □	□ − □ = □	□ = □ + □
12, 25, 13	□ + □ = □	□ − □ = □	□ = □ + □
	□ + □ = □	□ − □ = □	□ = □ + □
43, 78, 35	□ + □ = □	□ − □ = □	□ = □ + □
	□ + □ = □	□ − □ = □	□ = □ + □

Male die Ergebnisse unten aus!

84 − 71 = □	56 = 42 + □	65 + □ = 76	33 + □ = 35	69 = 25 + □
66 + □ = 69	31 + 11 = □	72 + 21 = □	41 + 12 = □	12 + 23 = □
89 = □ + 56	86 − 74 = □	87 = □ + 55	89 − 66 = □	59 − 34 = □
22 + 23 = □	20 + □ = 93	88 − 73 = □	78 − 35 = □	14 + 15 = □
20 + □ = 56	52 + 31 = □	21 + 31 = □	77 = □ + 47	23 + 32 = □
41 + 22 = □	75 − 51 = □	79 − 52 = □	55 + □ = 76	62 + □ = 97

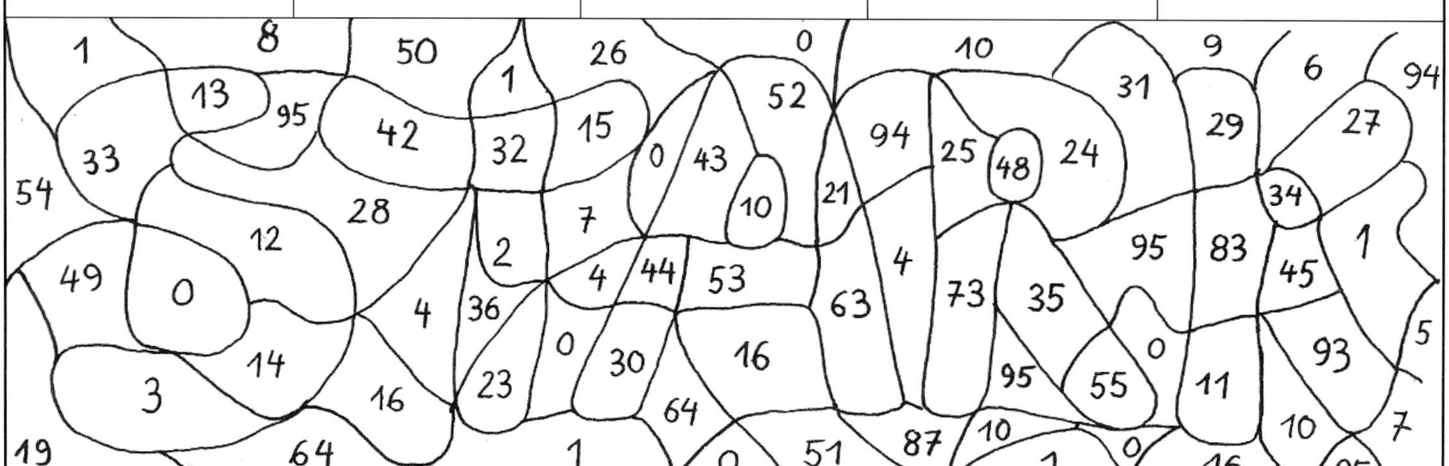

Kistler / Schneider: Rechnen ohne Stolperstein, Band 3A. Illustrationen: Kristina Klotz

Verdoppeln

100

ZE ⊘ / ZE

13 + 13 = ☐☐

24 + ☐☐ = ☐☐	31 + ☐☐ = ☐☐	41 + ☐☐ = ☐☐
30 ○ ☐☐ ○ ☐☐	42 ○ ☐☐ ○ ☐☐	14 ○ ☐☐ ○ ☐☐
32 ○ ☐☐ ○ ☐☐	12 ○ ☐☐ ○ ☐☐	40 ○ ☐☐ ○ ☐☐
43 ○ ☐☐ ○ ☐☐	34 ○ ☐☐ ○ ☐☐	21 ○ ☐☐ ○ ☐☐
11 ○ ☐☐ ○ ☐☐	22 ○ ☐☐ ○ ☐☐	33 ○ ☐☐ ○ ☐☐

Halbieren: Teile die Sticker gerecht!

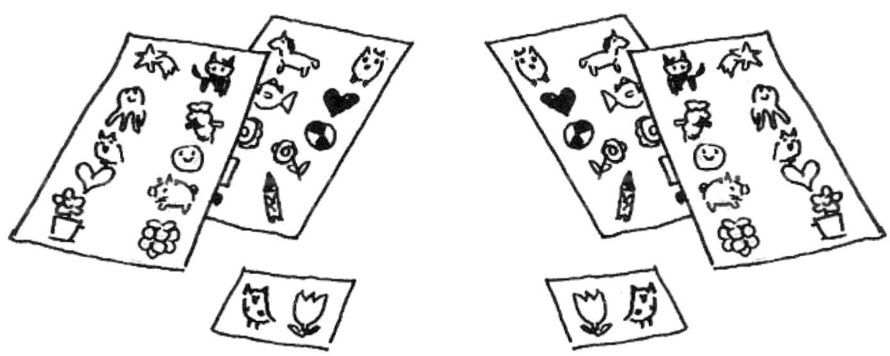

42 = 21 + ☐☐

66 = ☐☐ + ☐☐	68 = ☐☐ + ☐☐	86 = ☐☐ + ☐☐
80 ○ ☐☐ ○ ☐☐	24 ○ ☐☐ ○ ☐☐	64 ○ ☐☐ ○ ☐☐
28 ○ ☐☐ ○ ☐☐	84 ○ ☐☐ ○ ☐☐	12 ○ ☐☐ ○ ☐☐
82 ○ ☐☐ ○ ☐☐	62 ○ ☐☐ ○ ☐☐	48 ○ ☐☐ ○ ☐☐
44 ○ ☐☐ ○ ☐☐	22 ○ ☐☐ ○ ☐☐	60 ○ ☐☐ ○ ☐☐

Suche die Aufgaben und rechne!

100

Z⊕/ E

61 + 27 = __
55 + 12 = __
43 + __ = 49
85 − 13 = __
76 = 14 + __
64 + 10 = __
93 − 72 = __
78 = 34 + __

47 − 24 = __

68 + __ = 79
47 + 31 = __
66 + __ = 99
39 − 34 = __
69 − 37 = __
22 + __ = 67
25 + 34 = __
85 = 11 + __

57 − 23 = __
43 + 22 = __
47 − 24 = __
78 − 42 = __
43 + 35 = __

72 + 24 = __
77 + __ = 88

Für Spürnasen: Rechne zuerst, finde dann eine passende Aufgabe!

99 + 1 = __
43 + 2 = __
52 − 3 = __
__ ○ __ ○ __

75 − 10 = __
98 − 20 = __
44 − 30 = __
__ ○ __ ○ __

23 + __ = 24
48 + __ = 49
99 + __ = 100
__ ○ __ ○ __

26 = 24 + __
39 = 37 + __
63 = 61 + __
__ ○ __ ○ __

12 + 21 = __
40 − 7 = __
53 − 20 = __
__ ○ __ ○ __

Kistler / Schneider: Rechnen ohne Stolperstein, Band 3A. Illustrationen: Kristina Klotz

Hunderter-Tafel

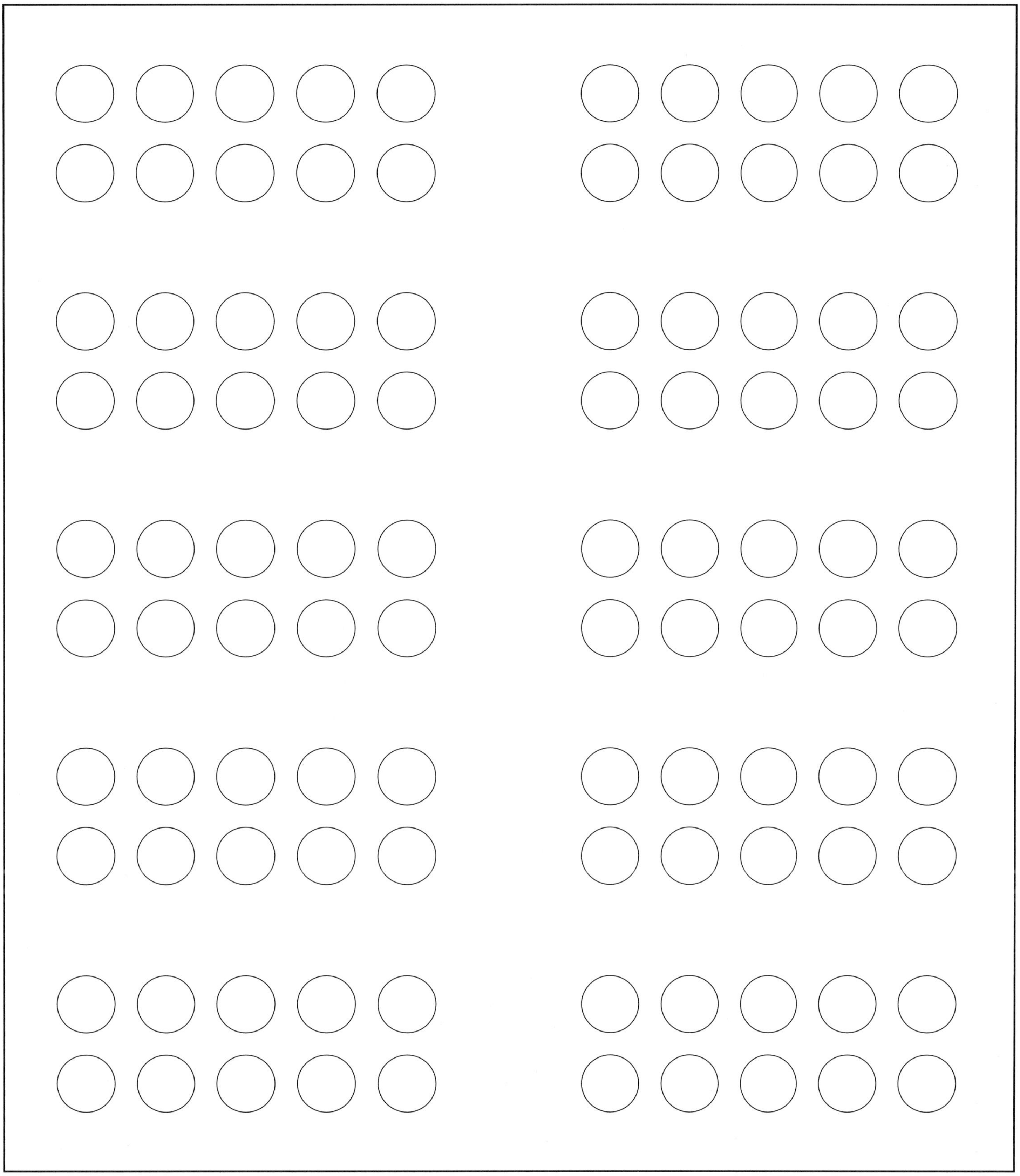